LALIQUE

PAR
MARIE·CLAUDE LALIQUE

EDIPOP
GENEVE

Il y a de

Il en est un qui me tient

Parler de l'histoire de m.

L'une et l'aut

J'espère nous raconter un.

les œuvres réalisées ou

mon père, et moi-même avec la

et de ceux

La création est une œuvre

La réalisation

Dans l'un et l'autre ca

plaisirs dont on ne se lasse pas
particulièrement à cœur .
famille et de celle de ma société
sont indissolublement liées
belle histoire celle qui consiste à montrer
fil des années par mon grand-père,
collaboration de ceux qui nous ont entourés
qui m'entourent maintenant.
solitaire .
est un travail d'équipe .
le plaisir est égal .

M. Lalique

René Lalique à sa table de travail.

René Lalique at his work table.

René Lalique

René Lalique's life as an artist was unusual. He followed in sequence with the same talent and equal success two careers, that of a jeweller from 1885 until about 1905, then that of an artist in glass until 1945. While having no obvious link, these were nevertheless both total expressions of the same qualities in the man and the artist: an exceptional gift as a draughtsman, a sensitive response to nature and a constant exploration of new techniques in a man devoted to his work.

At a very early age, René Lalique showed great promise in his drawings. According to Henri Vever,* the first admirers of his "early works" adorning exercice books and school books were his fellow-schoolboys. This talent was officially recognized in the form of a first prize in drawing awarded to him at the age of twelve by Lequien,* his art master at the Lycée Turgot. At his father's death in 1876, sixteen year old René, following his mother's advice, began to work for the jeweller Louis Aucoc.* Two years of apprenticeship followed by periods with Vuilleret and Petit* were not to smother his passion. Thus, with the aim of improving his draughtsmanship, he spent two years in London at the Sydenham Art School, a well known institute specialized in forming decorative artists.

Already then, his stroke of the pencil was the expression of his creative genius. The idea he pursued was to design jewels of a new style and propose his models to well known professionals lacking inspiration. However, since the Renaissance, the art of jewellery had considerably declined. Originality in design, workmanship and inspiration had all been sacrificed to the gaudiness of precious stones. Even if renowned jewellers such as Cartier or Boucheron were not unmoved by his innovations, they nevertheless remained cautious. Die-hard aesthetic considerations still prevailed. Boucheron turned down the model for his first big provocation, a brooch depicting a flight of swallows. He however went back on his decision and bought the finished piece.

After two laborious years of what Henri Vever termed as being a "dessinateur en chambre," he realized that personal expression meant having his own workshop where he could create the jewels straight out of his imagination. In 1885 René Lalique was fortunate enough to take over the workshop of the jeweller Destape *in place Gaillon. He was then twenty five. However, his name was still unknown to the public. His work, though appreciated by his fellow jewellers, had to compromise with the demands of his customers. Yet, by 1887 his fresh and elegant butterfly and flower compositions were now appearing in Parisian jewellery windows, creating the innovation of delicately coloured enamels blending harmoniously with gold and precious stones. These "petites choses charmantes" displayed next to heavy and chunky exhibits enjoyed an immense success and heralded prosperity to their creator. Fame was yet to come as René Lalique did not sign his works.

Ce fut un destin d'artiste peu commun que celui de René Lalique. Il mena successivement, avec un même talent et un égal succès, deux carrières : celle de bijoutier, de 1885 aux environs de 1905, puis celle de verrier jusqu'à sa mort en 1945. Sans lien apparent, elles furent cependant toutes deux l'expression totale des mêmes qualités de l'homme et de l'artiste : son don exceptionnel pour le dessin, son extrême sensibilité devant la nature, son incessante curiosité dans le domaine technique et sa passion du travail.

Dès son plus jeune âge, René Lalique dessinait. Henri Vever* raconte qu'il trouva en ses camarades d'école les amateurs enthousiastes et spontanés de ses premières "œuvres" dont il couvrait livres et cahiers. A douze ans, son jeune talent reçut une récompense plus officielle, un premier prix de dessin décerné par Lequien,* son professeur au lycée Turgot. Lorsque son père décède en 1876, il n'a que 16 ans et sur les conseils de sa mère, il commence l'apprentissage du métier de bijoutier chez Louis Aucoc.* Les deux années passées dans l'atelier de ce dernier puis ses séjours chez Vuilleret et Petit* ne l'incitèrent nullement à abandonner le dessin. Bien au contraire, soucieux de se perfectionner dans cette forme d'expression, il séjourna pendant deux ans à Londres afin de suivre les cours d'un établissement réputé, la School of Art de Sydenham dont la vocation était de former des artistes décorateurs.

Dès cette époque, le dessin devint l'instrument du génie créatif de René Lalique. Dessiner des bijoux d'un style nouveau et proposer ses maquettes aux professionnels renommés à court d'inspiration, voilà l'idée qu'il poursuivait. Il est vrai que depuis la Renaissance, l'Art dans le bijou avait progressivement disparu. L'originalité du dessin, la qualité du travail et de l'inspiration étaient totalement délaissées, au profit de l'unique somptuosité des pierres précieuses. Si des bijoutiers comme Cartier ou Boucheron... ne restèrent pas insensibles aux innovations de René Lalique, ils n'en demeurèrent pas moins prudents. Des habitudes esthétiques bien ancrées faisaient encore obstacle aux idées de l'artiste. Ainsi Boucheron lui refusa-t-il la maquette d'une parure représentant un vol d'hirondelles, sa première grande audace, qu'il lui acheta plus tard une fois exécutée.

Après avoir exercé pendant deux ans le difficile métier, selon Henri Vever, de "dessinateur en chambre", il comprit qu'afin de s'exprimer plus librement, il lui fallait désormais son propre atelier où il pourrait exécuter lui-même les bijoux sortis de son imagination. L'occasion se présenta en 1885 lorsque le joaillier Destape * lui proposa de reprendre le sien situé place Gaillon. Voici René Lalique maître chez lui à 25 ans. Mais pour le public le nom de Lalique n'existait toujours pas. Collaborateur certes apprécié mais encore anonyme des bijoutiers de son temps, il devait juguler son imagination féconde pour se conformer à la demande

1890 was a year for expansion with René Lalique and his thirty odd workers moving to 20 rue Thérèse. His first experiments and realizations in glass with somewhat rudimentary equipment date from this period. In his views and creations René Lalique was most eclectic. He was not only a jeweller, goldsmith, chaser, designer, enameller, creator in glass, but also a sculptor. His initiation to sculpture in 1881, following the courses of Lequien, the son of his former art master at the Lycée Turgot, was pursued under his father and brother in law, the Ledrus. The first exhibit bearing his name at the Salon de la Société des Artistes in 1894 was a low relief ivory sculpture depicting the Valkyries. Incited by this first official success, convention gradually loosened its grip on the artist who soon resolved to create what was to be known as "Lalique style."

His entire artistic career, his jewels and glass pieces speak of a true devotion to nature and an impelling force to render its beauty. This love for nature no doubt arose when he was a child. Typically Parisian an artist as he was, René Lalique was however born in the region of Champagne at Aÿ just outside Epernay in 1860. His parents moved to Paris after his birth and young René would return to his birth-place only during the summer holidays. The impact of nature on the ripening artist was to have a profound and lasting echo. In the years to come, the spectacle of flowers and wildlife became a continuous flow of inspiration. His workshop was always full of flowers. Henri Vever wrote that the artist was truly in love with them. Around 1902 he acquired a country house at Clairefontaine near Rambouillet which became not only a place for reflection, but also the premises of a first glass factory.

Far from mere fashion, the portraying of nature was for René Lalique the very essence of his art. The artist's tastes found so happy an echo in the aesthetic criteria of the period that, even in jewellery, René Lalique became one of the heralds of what was to be known as "Art Nouveau". This new form of expression was basically a singing praise to the wonders of nature. The opening of Meiji Japan in the second half of the nineteenth century revealed to western artists its art forms and the role of nature in its inspiration. This Japanese influence on art gradually became known as japonism. With the same penetrating gaze as the Japanese artist, René Lalique recreated in breathtaking realism the fluttering of a wing, the lithe creeper, the irradiance or withering of plant life. His work is a direct vision into "the world of water, the earth and the heavens."* One discovers beneath the bedewed leaf the shining and fleshy berry, the opening bud or withering flower, the velvety and delicately curling pansy, wild flowers struggling against the wind, ruffled silky poppy petals gently fading, the deep violet or mauve ruffle of the hyacinth or the lupine. Whoever would have imagined at the turn of the century that a jewel could become a painting or a landscape, a forest or grove with birds and lakes with

de ses clients. Pourtant, dès 1887, on vit apparaître dans les vitrines des bijoutiers parisiens de fraîches et gracieuses compositions de fleurs et de papillons où, fait nouveau, des émaux de couleurs délicieusement tendres s'alliaient fort joliment à l'or et aux pierres précieuses. "Ces petites choses charmantes" qui côtoyaient les lourdes et somptueuses parures connurent un très vif succès auprès de la clientèle. Ce n'était pas encore la renommée puisque René Lalique ne signait pas ses œuvres mais c'était déjà la prospérité.

En 1890, afin d'agrandir son atelier qui comptait alors une trentaine d'ouvriers, il s'installa rue Thérèse, au n° 20. Ses premières expériences et réalisations dans le domaine du verre datent de cette époque où il ne disposait pourtant que d'une installation de fortune. René Lalique se montra en effet très éclectique dans ses aptitudes et dans ses créations. Bijoutier, orfèvre, ciseleur, dessinateur, émailleur, verrier, il était aussi sculpteur. Après 1881, il avait suivi les cours du statuaire Léquien, fils de son ancien professeur de Turgot, initiation qu'il poursuivra au contact de ses beau-père et beau-frère, les Ledru. Or, l'œuvre qu'il exposa pour la première fois sous son nom au Salon de la Société des Artistes en 1894 était une sculpture, un bas-relief en ivoire représentant les Walkyries. Encouragé par ce qui fut un premier succès officiel, il allait donner de plus en plus libre cours à son tempérament et créer ce que l'on appellerait bientôt du "Lalique."

Son œuvre toute entière, ses bijoux mais aussi ses créations en verre, témoignent d'une véritable passion de la nature et d'une exceptionnelle faculté à en traduire la beauté. Ce goût lui venait probablement en partie de son enfance. En effet, cet artiste typiquement parisien était né à la campagne, en 1860, à Aÿ, en plein pays champenois, aux portes d'Epernay. Mais ses parents s'étant installés à Paris peu de temps après sa naissance, le jeune René ne revenait au pays que pour les vacances d'été. L'émerveillement naturel de l'enfant face à la nature semble s'être exacerbé chez cet artiste en puissance. Plus tard, il ne saura guère se passer du contact du monde végétal et animal. Son atelier était en permanence rempli de fleurs dont d'après Henri Vever il se montrait véritablement amoureux. Vers 1902, il fit même l'acquisition d'une propriété à Clairefontaine près de Rambouillet qui devint non seulement un lieu de recueillement mais aussi l'ébauche d'une première usine verrière.

Le naturalisme fut donc chez René Lalique l'essence même de l'œuvre et non pas le souci de répondre aux exigences d'une mode. L'osmose entre les goûts de l'artiste et le contexte culturel de son époque fut si totale qu'il devint même, en bijouterie, l'un des précurseurs de ce que l'on devait appeler "L'Art Nouveau." Entre autres caractéristiques ce "nouvel art" fut un hymne immense, fervent et enthousiaste à la nature. Vers la moitié du 19ᵉ siècle, les artistes occidentaux avaient

Papier à lettre de René Lalique portant l'adresse du 20 rue Thérèse. On retrouve dans le graphisme qui le personnalise, une évocation de son style.

The personal writing paper of René Lalique with the address of 20 rue Thérèse. The lettering is suggestive of the very personal style of the artist.

Portrait de Madame René Lalique née Augustine Ledru. Plaque en bronze. Hauteur 29 cm. Sculpture réalisée selon la technique de la cire perdue. Signée R. LALIQUE.

Portrait of Madame René Lalique, born Augustine Ledru. Bronze plaque. Height 29 cm. Lost wax sculpture. Signed R. LALIQUE.

fish leaping out of springs? Everywhere the eye meets flying, creeping or conten-
ding insects: the thick plated beetle, the slender dragonfly with long transparent
and rainbow coloured wings, the fluffy bee quivering with activity, the radiant but-
terfly. Thus wrote Gustave Geoffroy in a book dedicated to René Lalique in 1922:
"He bade Nature disclose its secrets. It responded."

At times the plant would become magical, the animal mythical, the subject allego-
rical. Romantic themes from Andersen, Wagnerian opera and even the Eerie
Gothic world found their echo in the works of late nineteenth century artists such
as René Lalique who could claim to be in the wake of symbolism, an important ele-
ment in "Art Nouveau." The symbolistic aspect in his creations is only too clear in
his rendering of the femal body in jewellery. This sensual theme was used as a deco-
rative element during the Renaissance. At the end of the nineteenth century,
however, it was unused due to the morality of the day. Nevertheless in 1895, René
Lalique produced a piece of jewellery adorned with an entirely nude female body.
After the clamours had died down, this daring innovation was definetely adopted.

René Lalique mostly depicts the allegorical aspect in Woman. She is often a myste-
rious creature who is half beast with a troubling and nonetheless overpowering
sensuality. Even when she appears in a more human form, as a graceful nymph,
she nevertheless remains the sorceress subduing monsters or is enthralled in ent-
wining vegetation. René Lalique also concentrated on the faces and especially the
hair which became an important ornemental element. Yet, his symbolistic exces-
ses in faces and bodies were to be short lived for romantic charm and classical pur-
ity. It was this type of representation he was to return to in his glass sculptures.

The effects obtained in René Lalique's jewellery are not only the conjunction of the
artist's hand and his inspiration. One must also bear in mind the material and
techniques he used. The beauty of the object, rather than its richness, was to be
given priority. Thus, non noble and discarded materials came into his creations
with a free intermingling of gold and precious stones along with horn, ivory, semi-
precious stones, enamel and naturally glass. A great admiror of Japanese art,
René Lalique was a fine and delicate colourist who used the enamel techniques
known as champlevé, cloisonné or plique-à-jour to obtain the subtle effects of hues
and light.

The Salon of 1895 finally saw the admission of a section of the decorative arts. René
Lalique was awarded a first class medal for a series of jewels, among which was the
much admired dragonfly. Thus wrote Henri Vever "... With wings spangled with
amethysts and yellow sapphires..." In 1890, Judith, the daughter of the poet Theo-
phile Gautier had adapted a piece of Japanese Lyric poetry under the title "The
Poems of the Dragonfly." This was to have an important impact on Japonism. The

découvert les œuvres des artistes japonais qui s'inspiraient directement de cette même nature. L'influence de ces derniers fut suffisamment grande pour que l'on parlât de japonisme. A l'instar des japonais, le don de l'observation et la qualité du dessin de René Lalique lui permettaient de restituer avec un réalisme inouï la palpitation d'une aile, la souplesse d'une liane, l'exubérance ou le fané d'un végétal. Son œuvre raconte avec une émouvante sensibilité "le monde des eaux, de la terre et du ciel."* Ainsi, peut-on y découvrir, sous la feuille humide de rosée, la baie brillante et charnue, la fleur à peine éclose ou déjà fanée : pensée veloutée délicatement ourlée, fleurs des champs que tourmente le vent, pavot aux pétales de soie flétrie, bouillonné violine ou mauve de la jacinthe et du lupin. Qui aurait pensé au début de ce siècle qu'un bijou pouvait devenir tableau ou paysage, que l'on y verrait des forêts et des bosquets animés d'oiseaux, des lacs et des sources d'où jaillissent des poissons. Partout des insectes s'envolent, rampent, s'affrontent : le lourd coléoptère, la libellule au corps gracile, aux longues ailes transparentes et irisées, l'abeille duveteuse, affairée et frémissante, le papillon somptueux. Dans un ouvrage paru en 1922 et consacré à René Lalique, Gustave Geffroy exprime fort joliment son admiration devant le talent de l'artiste : "Il a demandé ses secrets à la nature. La nature lui a répondu."

Mais parfois le végétal devenait magique, l'animal mythique, le thème allégorique. Les contes d'Andersen, les légendes Wagnériennes et même le mystère gothique, tous ces thèmes si chers à beaucoup d'artistes de l'époque hantèrent également l'œuvre de René Lalique qui pouvait ainsi se réclamer du Symbolisme, composante et non des moindres de "l'Art Nouveau." On ne saurait évoquer l'aspect symboliste de ses créations, sans parler de son interprétation de la femme dans le bijou. Les artistes de la Renaissance utilisaient le corps féminin comme éléments d'ornementation. Mais en cette fin de 19ᵉ siècle, le procédé était inusité parce que le sujet jugé trop osé. En exposant pour la première fois en 1895, un bijou dont l'ornement principal était une femme entièrement nue, René Lalique faisait figure de précurseur. Après bien des polémiques, il fut suivi dans cette voie par l'ensemble de la profession.

La plupart du temps, il nous montre une femme-allégorie, mi-femme, mi-animal, souvent mystérieuse et inquiétante mais néanmoins dotée d'une troublante sensualité. Même lorsqu'elle est représentée sous une forme plus humaine, telle parfois une nymphe fraîche et gracieuse, elle reste cependant suffisamment magicienne pour dompter des monstres ou s'ébattre dans la végétation qui l'enlace. René Lalique s'attarda également sur les visages et particulièrement sur les chevelures dont il fit un élément important d'ornementation. Mais il abandonna assez vite les excès du délire symboliste dans la représentation des visages et des corps pour leur donner à la fois charme romantique et pureté classique. C'est ce type de représentation qu'il reprendra plus tard dans ses sculptures de verre.

Vitrine Lalique à l'Exposition Universelle de Paris en 1900. Photographie de l'époque.
Lalique display window at the Universal Exhibition of Paris in 1900. Contemporary photograph.

Dessin de Félix Vallotton : la foule se pressant devant la vitrine de Lalique à l'Exposition Universelle de 1900 (c. By Spadem 1987).
Drawing by Félix Vallotton: crowd in front of the display window of Lalique at the Universal Exhibition of 1900. (c. By Spadem 1987).

Détail du décor de la vitrine Lalique à l'Exposition Universelle de 1900. Motif de femme ailée en bronze patiné. 99 x 76 cm. Collection William Wiltshire.

Detail of the ornementation of the Lalique display window at the Universal Exhibition of 1900. Winged woman motif, patinated bronze. 99 x 76 cm. William Wiltshire collection.

dragonfly thus became a major theme in French jewellery. The female bust with its dragonfly wings almost became the symbol of Art Nouveau. At the Salon the following year, he obtained the second class medal for his first jewel in horn. In 1897 he received the first class medal, and his dispatch of jewels to the Universal Exhibition of Brussels saw him awarded the Knight's Cross of the Legion of Honour. In 1898 at the salon du Champs de Mars he presented his famous series of horn combs described by an enthusiastic Jean Lorrain* as "... enormous, unbelievable in size, hard to behold in a woman's hair, but tomorrow, all the amateurs from London to Saint Petersburg will fight to possess them." The press reached the culmination in its praise after the 1900 Universal Exhibition of Paris with crowds struggling for a glimpse of his displayed exhibits. The artist was proclamed as a "chef d'école" by Roger Marx and Edmond Haraucourt.*

Already famous, René Lalique's clientele rose. Elegant women and leading actresses all wanted to exhibit these extraordinary adornments. One of his faithful customers was Sarah Bernhardt. He had created for her in the years 1891-1894 a set of pieces destined to the stage for the roles of Iseyl, Gismonda and Theodora. Such jewellery was eagerly sought after by many a collector. Hence the remark of Edmond Haraucourt "... Nobody can consider himself an art amateur if he does not possess a Lalique." In Lisbon today one can admire over one hundred jewels of Lalique in the collection of the Armenian businessman Calouste Gulbenkian whose foundation bears his name. Calouste Gulbenkian was indeed the most celebrated collector of René Lalique's creations.

Whilst René Lalique was receiving orders from the courts of Great Britain, Russia, Italy and Spain, his works were already finding their way into the great museums of the world. Such honour may well have satisfied the most demanding artist. René Lalique had yet only achieved half his creation.

Having reached a summit in his career as a jeweller, René Lalique now turned more and more to the techniques of glass. At Clairefontaine, and with somewhat more sophisticated means of production, his various creations included the elements destined to the adornment of a building. The construction of this building, begun in 1902 and located at 40 Cours Albert I, formerly Cours La Reine, was to be a workshop, living quarters and exhibition centre. The front door of sculptured glass plates depicting pine branches testify to this day the artist's profound skill and experience in a field that had been hitherto of secondary importance. An event was soon to trigger off the last impulsion necessary for the evolution of his career. In 1905, René Lalique opened a shop in Place Vendôme where were displayed not only items of jewellery but also the glass productions of Clairefontaine. These objects caught the eye of the perfume manufacturer François Coty. In those days,

Les effets obtenus dans les bijoux de René Lalique ne sont pas le seul fait du dessin et de l'inspiration. Les matières utilisées et les techniques employées y ont leur large part. Donnant la priorité à la beauté de l'objet plutôt qu'à sa richesse, il n'hésita pas à faire appel à des matières jusque-là délaissées, telle que la corne, l'ivoire, les pierres semi-précieuses, l'émail et bien entendu le verre qu'il associait avec audace et originalité à l'or et aux pierres précieuses. Pour ce coloriste raffiné, émule des artistes japonais, l'émail champlevé, cloisonné ou plique-à-jour permettait de subtiles jeux de nuances et de lumière.

Au Salon de 1895 où pour la première fois, fait majeur, une section d'Arts Décoratifs avait été admise, une troisième médaille vint récompenser une série de bijoux de René Lalique parmi lesquels il fut particulièrement remarqué une libellule décrite par Henri Vever "... aux ailes tachées d'améthyste et de saphir jaune..." Or, en 1890, Judith Gautier, la fille du célèbre poète, avait fait paraître une adaptation d'une poésie lyrique japonaise sous le titre "Les Poèmes de la Libellule." Contribuant à l'influence du japonisme, cet ouvrage fit de ce merveilleux insecte l'un des thèmes favoris de la bijouterie française. Le buste de femme à ailes de libellule devint presque le symbole de l'Art Nouveau.

Au Salon de 1896, pour son premier bijou en corne, il obtenait la deuxième médaille. En 1897, il recevait la médaille de première classe. La même année, son envoi de bijoux à l'Exposition Universelle de Bruxelles lui valut la Croix de Chevalier de la Légion d'Honneur. En 1898, au Salon du Champ de Mars, il présentait sa fameuse série de peignes en cornes que Jean Lorrain* enthousiaste décrivait"... énormes, invraisemblables de dimensions et que l'on voit mal dans une chevelure de femme mais que se disputeront demain tous les amateurs de Londres et de Saint Petersbourg...". A l'Exposition Universelle de 1900 à Paris, ce fut l'apothéose. La presse se répandait en éloges dithyrambiques. La foule se pressait devant les vitrines pour admirer les œuvres de celui que Roger Marx et Edmond Haraucourt* n'hésitaient pas à proclamer "Chef d'École."

La clientèle du bijoutier devenu célèbre ne cessait de s'accroître. Les femmes du monde et les actrices en vue désiraient passionnément pouvoir porter l'une de ces extraordinaires parures. Sarah Bernhardt pour laquelle, il avait créé entre 1891 et 1894 une série de bijoux de scène pour les rôles d'Iseyl, de Gismonda et de Théodora, était aussi l'une de ses clientes et admiratrices. Des collectionneurs commencèrent à acquérir ses bijoux, suivant ainsi l'avis d'Edmond Haraucourt que "nul n'est autorisé à se dire amateur d'art s'il ne possède pas un Lalique." Le plus célèbre et le plus passionné d'entre eux, l'homme d'affaires arménien, Calouste Gulbenkian en possèdera plus d'une centaine que l'on peut admirer aujourd'hui à Lisbonne, à la fondation qui porte son nom. Tandis que René

Porte d'entrée de l'immeuble du 40, cours Albert 1er (anciennement cours la Reine), composée de panneaux de verre sculptés de branches de sapin. Vers 1902.

Front door of 40, cours Albert I (formerly cours la Reine), composed of sculptured glass panels of pine branches in relief. C. 1902.

Salle d'exposition située au rez-de-chaussée du 40, cours Albert 1ᵉʳ. Le mobilier et les éléments décoratifs avaient été imaginés par l'artiste et réalisés d'après ses dessins. Photographie parue dans "L'Art Décoratif" en 1905.

Exhibition room at the ground floor at 40, cours Albert I. The furniture and decorative elements were imagined by the artist and realized after his drawings. Photograph in the "L'Art Décoratif" in 1905.

most famous perfumes were sold in translucent crystal bottles of sober and classical design, but with an avowed disregard to originality of form. Besides the label, there was only the ornemental stopper to identify the perfume. Also, the cost of these luxury items was a limit to their diffusion. Only a very select clientele could afford them. Research work in glass techniques and mechanical processes by René Lalique enabled him to create works of great artistic value at a reduced price and thus more accessible to the less well-off. René Lalique thus found himself called upon by François Coty to collaborate in a joint venture where his technical skill and talents as an artist would give birth to what the enterprising perfume creator termed as "... a big business such as the world had never yet seen...." René Lalique thus created perfume bottles suggestive of their enclosed fragrances for Coty, and in time for other great names in the world of perfume and dress designing such as Roger & Gallet, Forvil, Houbigan, d'Orsay, Worth. The skill and inspiration that went into these mass produced bottles made them true collectors' pieces. Coty was completely taken aback by a success he could not possibly have imagined. This technological and commercial revolution undertaken by René Lalique, with its far reaching effects up to the present day speak of the artist's fidelity to the philosophical message of "Art Nouveau" – the reconciliation of Art and Industry.

Henceforth, René Lalique progressively turned away from his jewellery in order to devote himself entirely to glass and gain unprecedented fame in this field. In the year 1907 he opened at Combs-la-Ville near Paris a small factory. In 1911 he organized at Place Vendôme his first big exhibition of glass. Among the exhibits produced with the previously evoked techniques, one could also admire a number of sculptures obtained by the process of "lost wax." Both at Rue Thérèse and at Clairefontaine, when his equipment was still incomplete and in want of other technical possibilities, he would frequently turn to this old jewellery technique in which his sculptural talents excelled. The waxen sculpture was covered over with plaster. When heated, the wax melted away leaving a mould ready to receive the molten glass. This technique produced unique pieces characterized by lightness, an absence of mould marks, the often granulous aspect of the matter and the frequently visible finger prints of the artist. It goes without saying that these sculptures, because of the delicate work involved, could not be produced in large quantities.

As an accomplished artist in glass, René Lalique did not completely discontinue his jewellery. In the nineteen-twenties he created a whole new set of jewels in glass. As in Art Nouveau, the decorative motifs were inspired by nature and mythology. However, these jewels of much simpler lines and conception were much more readily accessible to a much vaster public. The artist's genius here excelled in adapting

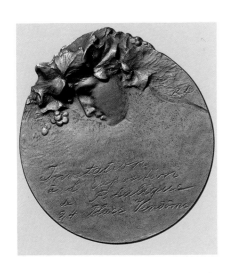

Plaquette ronde en bronze argenté utilisée comme "carton" d'invitation à l'exposition des œuvres de René Lalique au 24, place Vendôme vers 1905-1906.

Round plaquette in silver plated bronze used as invitation card for the exhibition of the works of René Lalique at 24, place Vendôme. C. 1905-1906.

Lalique recevait des commandes des Cours d'Angleterre, de Russie, d'Italie et d'Espagne, ses œuvres entraient déjà dans les Musées du monde entier. Une telle consécration aurait pu satisfaire le plus exigeant des artistes. René Lalique n'avait pourtant accompli que la moitié de son œuvre.

Alors qu'il se trouvait au sommet de sa carrière de bijoutier, il commença à consacrer de plus en plus de temps et d'énergie au travail du verre. A Clairefontaine où il disposait déjà d'une installation suffisante, il réalisa, entre autres, des éléments destinés à la décoration d'un immeuble dont il avait entrepris la construction en 1902. Ce bâtiment, situé au 40 cours Albert 1er, anciennement Cours de la Reine, se voulait à la fois atelier, habitation et hall d'exposition. La porte principale composée de dalles de verre sculptées de branches de sapin montre la très grande maîtrise déjà acquise par l'artiste dans un domaine resté pour lui jusque-là marginal. Un événement allait bientôt donner la dernière impulsion nécessaire à l'évolution de sa carrière. En 1905, René Lalique ouvrit un magasin place Vendôme où il exposa non seulement des bijoux mais aussi des objets en verre réalisés à Clairefontaine. Ces derniers attirèrent particulièrement l'attention du parfumeur François Coty.

A cette époque, la plupart des parfums renommés étaient vendus dans des flacons de cristal aux lignes sobres et classiques, plus appréciés pour l'éclat et la transparence de la matière que pour l'originalité des formes. Ainsi outre l'étiquette du parfum, seul le bouchon taillé permettait de personnaliser un flacon. De surcroît, le coût de ces articles de luxe en limitait la diffusion auprès d'une clientèle particulièrement aisée. Les recherches et les travaux de René Lalique dans le domaine du verre lui avaient fait découvrir une technique permettant de réaliser, à base de procédés mécaniques, des œuvres d'une grande qualité artistique.

Réduisant de cette façon le prix de la verrerie de luxe, il la rendait accessible aux bourses plus modestes. François Coty proposa à René Lalique de mettre ses compétences techniques et son talent d'artiste au service de l'industrie du parfum afin de donner naissance, selon lui, à "... un grand commerce tel que le monde n'en avait jamais vu... " C'est ainsi que René Lalique créa d'abord pour Coty, puis par la suite pour d'autres parfumeurs et couturiers comme Roger & Gallet, Forvil, Houbigan, d'Orsay, Worth, des flacons dont l'ornementation évoquait les senteurs qu'ils renfermaient. L'habileté et l'inspiration de l'artiste firent de ces flacons fabriqués en série de véritables œuvres d'art. Ce fut un succès qui dépassa largement les prédictions de Coty. En entreprenant cette révolution technologique et commerciale dont les effets se font encore sentir de nos jours, René Lalique restait fidèle à la philosophie de "l'Art Nouveau" qui voulait réconcilier l'Art et l'Industrie.

his talent to prevailing circumstances. These glass jewels, announcing todays modern productions, were a product of the same philosophy and concept as Coty's perfume bottles.

Glass had no mysteries for René Lalique. He thoroughly knew all the possibilities it offered in transparence, brilliancy, frosted satiny finish, colours and coloured patinas.

René Lalique was most prolific in his glass creations which were extremely diversified. This success was equal to his jewellery. His activities reached such a peak, that by 1921 he found himself in the neccessity of opening a second factory at Wingen sur Moder in Alsace. After the First World War, a new style known as "Art Deco" had replaced Art Nouveau. At almost fifty, René Lalique not only plucked up enough energy to start a new career, but also to adapt his inspiration to the new trends without sacrificing his personality. One feels the influence of very discrete cubism on his work. The pure geometrical lines to which he turned and void of Art Nouveau expression were nonetheless marked by tender scultures of vegetation, animals or women of a very naturalistic conception. His bestiary was livened with wild animals emerging straight from the jungle or bush of the then flourishing colonies. However, it was out of the question for him to abandon his delicate insects, gracious birds and undulating fish. Likewise, his sculptures of women depict their bodies as slender and subtle as Chanel, Vionet or Lanvin loved them. Whether nude or draped, they were nonetheless a constant reminiscence of ancient statues. From this "melting pot" were to arise a multitude of perfume bottles, statuettes, decorative motifs, vases, bowls, table items, lamps and architectural pieces all claiming to be "Art Deco," but at the same time remaining original in their design.

Besides the ornemental sculptures and motifs, all these objects were strongly characterized by the contrast effects of translucent and frosted parts. To bring out more vividly the effects of the frosted glass, René Lalique would frequently use a patina or enamel decoration. He would also have recourse to colouring of more or less strong intensity.

The Universal Exhibition of 1925 which had been long delayed because of the First World War was to expound the idea of "Social Art" advocated by Roger Marx, whereby in Art Nouveau theory, the machine was "an auxiliary and a fast and faithful diffusion agent." This message fell on deaf ears. The exhibition marked the triumph of "Art Déco" with its appeal to the essentially rich and even sophisticated social categories who wanted to retain a traditional art of living. In their majority, the young decorative artists shunned the industrial methods of "Art Nouveau"

Dès lors, il allait progressivement abandonner l'art du bijou pour se consacrer totalement au verre et prendre dans ce domaine une place de tout premier plan. Très rapidement, dès 1907, il avait dû ouvrir une véritable fabrique à Combs-la-Ville, près de Paris. En 1911, il organisa place Vendôme, sa première grande exposition de verrerie. A côté d'objets fabriqués selon les techniques évoquées précédemment, on pouvait y admirer aussi quelques sculptures "à la Cire Perdue." Rue Thérèse ou même à Clairefontaine, lorsqu'il ne disposait pas encore de tout le matériel nécessaire à d'autres types de fabrication, il avait fait souvent appel à cette technique ancienne utilisée en bijouterie qui lui permettait de mettre à profit ses talents de sculpteur. La sculpture réalisée en cire était recouverte de plâtre. La cire chauffée fondait et l'on pouvait alors remplir le moule en plâtre de verre chaud. On obtenait ainsi des pièces uniques dont les principales caractéristiques étaient la légèreté, l'absence de marques de moule et l'aspect souvent grenu de la matière dans laquelle parfois on pouvait distinguer les empreintes de l'artiste. Pour diverses raisons exposées précédemment, ces sculptures demeurèrent relativement rares.

Le bijou ne devait pas disparaître tout à fait de l'œuvre de René Lalique verrier puisque durant les années 1920/1930, il allait créer une ligne de bijoux en verre. Les motifs décoratifs reprenaient les thèmes naturalistes ou mythologiques de l'Art Nouveau, mais les formes et la conception très simples de ces parures les rendaient accessibles à un public beaucoup plus vaste. Voilà encore un trait de génie de l'artiste qui sut aussi dans ce domaine adapter son talent aux circonstances. Les bijoux en verre, bijoux fantaisie avant la lettre, sont nés de la même philosophie et du même concept que les flacons à parfum pour Coty. René Lalique y exploita toutes les possibilités que lui offrait le verre : la transparence, la brillance, le satiné, les couleurs et les patines colorées.

L'œuvre de Lalique verrier qui fut immense et très diversifiée allait rencontrer un succès au moins égal à celle de Lalique bijoutier. Sa nouvelle entreprise connut un développement si rapide que dès 1921, il lui fallut ouvrir une seconde usine à Wingen-sur-Moder en Alsace. Après la Première Guerre mondiale, un nouveau style "l'Art Déco" avait pris le pas sur l'"Art Nouveau." A près de 50 ans, René Lalique eut non seulement le courage de commencer une autre carrière, mais encore le talent d'adapter son inspiration aux nouvelles tendances sans pour autant se départir de sa personnalité. C'est en effet l'influence d'un cubisme très tempéré qui s'exprime dans ses créations. S'il adopta des lignes épurées parfois géométriques, dépouillées du lyrisme de l'"Art Nouveau," il sut néanmoins les adoucir de sculptures de végétaux, d'animaux ou de femmes de conception très naturaliste. Son bestiaire s'enrichit de fauves sortis d'une jungle ou d'une savane fort prisée en ces temps de colonialisme florissant, mais il n'abandonna pas pour

for the traditional artisanal techniques. Because of the techniques he used, René Lalique took a diverging path from his younger fellow artists. The exhibition was nevertheless the crowning of his career as an artist in glass, bestowing upon him the Commander's rank of the Legion of Honour.

The china manufactury of Sèvres entrusted him with a part of the decoration of its pavilion. He created a dining room where one could admire a table, candlesticks, a collection of glasses from his workshops as well as a luminous glass panelled ceiling. A fountain towering fifteen meters high was also much admired. The writer Colette refered to it as a "wonder fountain." It is doubtless in his architectural realizations that René Lalique enjoyed his greatest successes. His acute sense of balance and harmony with and incomparable skill in the techniques of glass enabled him to take on works of considerable if not monumental proportions such as the high altar of the convent of La Delivrande in Caen in 1930, the interior decoration of the church of Saint Helier in Jersey in 1932. One could also mention the doors of the grand reception room in the palace of a Japanese imperial prince and Art Déco amateur, now the Teien Museum in Tokyo.

In the nineteen twenties and thirties, elegant society was characterized by its display of wealth and taste for exotism. To meet these demands, engineers, craftsmen and artists launched into grandiose decorative feats which today seem amazing. In 1928 René Lalique was commissioned to decorate a dining car of the Venice Simplon Orient Express. In 1936 he created the ornemental lighting for the first class dining room on board the luxurious ocean liner and floating museum that was the Normandie.

The roaring twenties also meant the veneration of luxurious cars. No excentricity was spared to show off the marvelous vehicles of Citroën, Delage, Hispano-Suiza, Voisin, Bentley or Rolls Royce. It was the reign of the motor mascot. The most dazzling of these figurines and the most eagerly sought after today are those few that René Lalique created from 1925 onwards. In all 27 figurines saw the day, among which the one ordered by André Citroën for his celebrated 5 H.P. model in 1926.

An important part in René Lalique's glass creations was destined for the dining table. Indeed, in the wide range of his creations, it was no doubt in table glassware that the artist brought forth his utmost creativity, combining originality and renewal. One can only be struck by the purity, delicacy and elegance to be found in the table glassware produced at this period. In 1922 a Lalique diner service was introduced into the Elysée. It was to René Lalique that the city of Paris turned to order a gift for King George VI during his visit to Paris in 1938. The chosen theme was the

autant les insectes délicats, les oiseaux gracieux et les poissons ondoyants. De même, ses sculptures de femmes montraient des corps élancés et souples tels que les aimaient Chanel, Vionet ou Lanvin, mais nus ou drapés de voiles, ils n'en gardaient pas moins des allures de statues antiques. Il allait naître ainsi de ce nouveau "creuset" toute une collection de flacons, statuettes, motifs décoratifs, vases, coupes, objets pour la table, luminaires et pièces d'architecture qui se réclamaient de "l'Art Déco" tout en gardant leur originalité propre.

Outre les motifs et les sculptures dont ils étaient ornés, ces objets avaient pour caractéristiques principales le mélange de parties translucides et de parties satinées. René Lalique ajoutait souvent à cet effet de dépoli une patine, un décor émaillé ou une coloration plus ou moins vive.

L'Exposition Universelle de 1925, plusieurs fois retardée du fait de la guerre 14-18, aurait dû concrétiser l'idée "d'Art Social" prônée par Roger Marx qui voulait, selon les théories de l'Art Nouveau que la machine soit "un auxiliaire et un agent de diffusion rapide et fidèle." Il n'en fut rien. On assista au triomphe de "l'Art Déco" qui s'adressait essentiellement à un public aisé, voire sophistiqué, désireux de conserver un art de vivre traditionnel. Pour la plupart, les jeunes artistes décorateurs repoussaient l'industrialisation amorcée par "l'Art Nouveau" et utilisaient des moyens de productions artisanaux. Du fait même des techniques employées, René Lalique se distinguait de ses jeunes confrères. L'Exposition de 25 n'en fut pas moins la consécration de sa carrière de verrier. A cette occasion, il fut promu au rang de Commandeur de la Légion d'Honneur.

La Manufacture de Sèvres lui confia une partie de la décoration de son pavillon. Il y conçut et réalisa une salle à manger où l'on pouvait admirer non seulement une table, des chandeliers et un service de verres sortis de ses ateliers mais encore un plafond lumineux à caissons entièrement en verre. Il y avait aussi une fontaine, d'une hauteur de 15 mètres, que l'écrivain Colette qualifia de "Fontaine merveilleuse." C'est peut-être dans ses réalisations architecturales que René Lalique connut ses plus grands succès. Son sens aigu de l'équilibre et de l'harmonie, joint à sa haute maîtrise des techniques du verre lui permit avec bonheur de s'attaquer à des œuvres de dimensions parfois monumentales, telles que le Maître Autel du Couvent de la Délivrande à Caen en 1930, la décoration intérieure de l'église St'Hélier de Jersey en 1932 ou encore les portes de la grande salle de réception du palais d'un Prince Impérial japonais, amateur "d'Art Déco," palais devenu aujourd'hui le Musée Teien de Tokyo.

La société aisée de cette époque s'étourdissait de luxe et d'exotisme. Pour satisfaire à ses désirs, ingénieurs, artisans et artistes entreprirent de grands ouvrages

Calouste Gulbenkian

dont le souvenir fait encore rêver nos contemporains. Ainsi, en 1928 René Lalique fut-il pressenti pour décorer l'un des wagons salle à manger du Venice Simplon Orient Express. En 1936, il réalisa les luminaires de la salle à manger de première classe du fameux paquebot "Normandie," véritable musée flottant.

La Belle Automobile fut aussi un symbole des Années Folles. Toutes les audaces étaient permises pour enjoliver les étonnants véhicules qui sortaient des ateliers de Citroën, Delage, Hispano-Suiza, Voisin, Bentley, Rolls Royce. Ainsi naquit le règne de la mascotte de voiture. Les plus audacieuses, par conséquent les plus rares et les plus recherchées de nos jours, furent celles créées en verre par René Lalique à partir de 1925. Il y eut 27 modèles dont celui commandé par André Citroën pour le lancement de sa 5 CV en 1926.

Les objets et la verrerie de table représentent une part importante de l'œuvre de René Lalique qui y apporta, peut-être plus que dans tout autre domaine, originalité et renouveau. On est particulièrement frappé par la pureté, la délicatesse et l'élégance des services de verre réalisés à cette époque. Dès 1922, un service de table Lalique entrait à l'Elysée. C'est encore à René Lalique que la Ville de Paris commanda en 1938 un cadeau pour les Souverains Britanniques en visite : un service et un surtout de table évoquant la mer et la marine.

La réputation de l'artiste lui valait de nombreuses commandes de personnalités françaises et étrangères. Il n'en continua pas moins d'enrichir sans cesse sa collection de créations spontanées dont l'ornementation restait pleine de vie et de charme quel que soit le sujet choisi.

C'est en 1936, qu'il transféra son magasin au 11 de la rue Royale où il se trouve encore aujourd'hui. La Seconde Guerre mondiale l'obligea à fermer l'usine d'Alsace qui subit de graves et nombreux dommages. René Lalique mourut en 1945, à l'âge de 85 ans, sans avoir eu le bonheur de voir cet établissement rouvrir et produire à nouveau.

De ses deux enfants, c'est son fils, Marc, né en 1900 qui devait lui succéder. Sa fille, Suzanne née en 1892 devint elle aussi une artiste de grand talent. Peintre mais aussi décorateur, on lui doit entre autres de nombreux décors de la Comédie Française. C'est à cette dernière que Calouste Gulbenkian adressa, lors du décès de René Lalique, une lettre émouvante et prophétique qui s'impose comme la meilleure conclusion au récit de la vie de l'artiste :

"... Votre père était un ami très cher et au regret de l'avoir perdu s'ajoute la peine infinie que nous éprouvons toujours devant la disparition d'un grand homme.

navy and the sea for a table centrepiece and dinner service.
The artist's reputation brought him orders from a prominent clientele in France and abroad. Yet, his collection was continuously enriched with spontaneous creations, radiant with life and charm whatever subject he chose.

In 1936 he moved his shop to the present 11 rue Royale. The Second World War obliged him to close his badly damaged factory in Alsace. René Lalique died in 1945 in his eighty fifth year. He was not to have the ultimate joy of seeing his factory reopen and resume production.

Of his two children, it was his son Marc, born in 1900 who took over his activities. His daughter, Suzanne, born in 1892 also became a talented artist. She was a painter and decorator who created for the Comédie Française a number of sceneries. It was to her that Calouste Gulbenkian wrote the moving and prophetic letter which closes as a fitting conclusion the life of the artist: "... Your father was a very good friend of mine, and the grief caused by his death is heightened by the boundless sorrow one always feels at the loss of a great man. My admiration for his unique work never ceased to grow in the fifty years of our friendship, and I feel, I am absolutely convinced, that justice has not been done to him yet. He ranks among the greatest figures in the history of art of all time, and his masterful touch, as well as his exquisite imagination, will excite the admiration of future connoisseurs. I am proud to own, I truly believe, the largest number of his works, and they occupy a most privileged place in my collections."

Bal costumé donné au cours Albert 1er en 1908 pour les 18 ans de Suzanne Lalique. Suzanne est au premier plan, la deuxième en partant de la droite. René Lalique, déguisé en maure, le visage maquillé de noir, se tient en haut de l'escalier.

Fancy dress ball at cours Albert I in 1908 for Suzanne Lalique's eighteenth birthday. Suzanne is in the foreground, second to right. René Lalique is disguised as a Moor with blackened face at the top of the stairs.

Mon admiration pour son œuvre unique n'a jamais cessé de croître au cours des cinquante années que dura notre amitié, et je sens, je suis absolument convaincu que justice ne lui est pas encore pleinement rendue. Sa place est parmi les plus grands dans l'histoire de l'art de tous les temps et sa maîtrise si personnelle, son exquise imagination feront l'admiration des élites futures. Je suis fier de posséder, je crois bien, le plus grand nombre de ses œuvres et elles occupent parmi mes collections une place toute privilégiée..."

VEVER Henri (1854-1942)
He was the third generation of a family of jewellers from Metz. In 1881, he took over with his elder brother the workshop of their father Ernest, located since 1871 at 19 rue de la Paix. Around 1905 the Vever brothers opened new premises in the same street.
We owe to Henri "French Jewellery in the XIX Century" (1800-1900), the principal work of reference covering this field.

LEQUIEN Justin-Marie (Paris 1796 - Villevoyer 1881)
The works of this French sculptor, "Second Prix de Rome" in 1819 were regularly presented at the Salon from 1831 to 1857. He was decorated "Chevalier de la Légion d'Honneur" in 1863. We owe him, among other works, a bust of Molière which can be seen at the Museum of Versailles.
He taught at the Lycée Turgot from 1839 to 1879. It was he who discovered the future talents of René Lalique.

AUCOC Louis (Paris 1850 - Paris 1932)
Parisian jeweller, born into a family of Goldsmiths, who exhibited his works in France and other countries in the years between 1879 and 1889. He became a member of a vast number of exhibition juries.
From 1895 to 1907 he was President of the "Chambre Syndicale de la Bijouterie-Joaillerie-Orfèvrerie."

VUILLERET - PETIT
Parisian jeweller in the rue Saintonge, Vuilleret was a relative of René Lalique who worked for him as a designer after his return from England.
It can be amusing to quote here the words of Vuilleret addressed to René Lalique and handed down to us by Vever: "So you want to design jewellery. It'll get you nowhere! You'll soon see that in two or three months you'll have run out of ideas and you'll have to stop."
René Lalique spent a year with Auguste Petit the jeweller in the rue de Chabanais in 1881.

références

VEVER Henri (1854-1942)

Troisième génération d'une famille de bijoutiers, originaire de Metz, Henri Vever reprit en 1881, avec son frère aîné Paul, l'atelier de leur père Ernest, situé depuis 1871 au 19, rue de la Paix. Vers 1905, les frères Vever ouvrirent un nouvel établissement au 14 de cette même rue.

C'est à Henri Vever que l'on doit "La Bijouterie Française au XIXe Siècle" (1800-1900) principal ouvrage de référence sur ce sujet.

LEQUIEN Justin-Marie (Paris 1796 - Villevoyer 1881)

Les œuvres de ce sculpteur français, Second Prix de Rome en 1819, furent régulièrement présentées au Salon de 1831 à 1857. Il sera fait Chevalier de la Légion d'Honneur en 1863. On lui doit entre autres un buste de Molière conservé au Musée de Versailles.

Professeur au lycée Turgot de 1839 à 1879, il décellera le jeune talent de René Lalique.

AUCOC Louis (Paris 1850 - Paris 1932)

Après avoir participé lui-même, entre 1879 et 1889, à beaucoup de manifestations, tant en France qu'à l'étranger, ce bijoutier parisien, issu d'une famille d'orfèvres, deviendra membre d'un très grand nombre de jurys d'exposition.

De 1895 à 1907, il occupera la fonction de Président de la Chambre Syndicale de la Bijouterie-Joaillerie-Orfèvrerie.

VUILLERET - PETIT

Le bijoutier Vuilleret, installé rue de Saintonge et parent de René Lalique, embaucha ce dernier comme dessinateur, à son retour d'Angleterre.

Pour la petite histoire, il est amusant de citer ici certains propos de Vuilleret rapportés par Vever, sur l'orientation que René Lalique donnait alors à sa future carrière : "Tu veux faire des dessins de bijoux ; mais cela ne mène à rien ! Tu verras que dans deux ou trois mois tu ne sauras plus qu'inventer et, arrivé au bout de ton rouleau, tu sera obligé de t'arrêter."

Chez le bijoutier Auguste PETIT (fils) rue de Chabanais, René Lalique passa une année, en 1881.

DESTAPE Jules
From 1826 to 1870 he was the head of the workshop belonging to the jeweller Gustave Baugrand, the supplier of the Kaiser's court. In 1870, following the death of his employer, he set up his own workshop at Place Gaillon.
He was one of the first to appreciate and use René Lalique's drawings. In 1885 he retired to his Algerian vineyards and left to René Lalique the running of the workshop.

"The world of water, the earth and the heavens"
Quoted from the booklet "René Lalique" by Gustave Geffroy which appeared in 1922. Collection L'ART DÉCORATIF MODERNE - Éditions d'Art E. Mary - Paris.

GEFFROY Gustave (1855-1926)
French journalist, writer and art critic, favoured impressionism and naturalism. We owe him over eight volumes of articles "Vie Artistique" as well as twelve volumes on the museums of Europe. He also wrote studies on Gustave Moreau (1900), Daumier (1901), Rubens (1902), Claude Monet (1924) as well as on René Lalique (1922).
We have a portrait of him by Cezanne and a bust by Rodin (Musée Rodin).

LORRAIN Jean (Paul Duval, called Jean)
French journalist, poet, novelist and story-teller, born in Fécamp in 1855. Died in 1906 in Paris.
His work were most various and generally of a fervent naturalism and symbolism.

MARX Roger (Nancy 1859 - Paris 1913)
Inspector of the Fine Arts and art critic, was a remarkable innovator. His works had an impact on Art Nouveau philosophy and the development of Decorative Arts:
– Decoration and Industrial Art at the Universal Exhibition of 1889 (1900).
– Decoration and Art Industries at the Universal Exhibition of 1900 (1902).
– Social Art (1913).

HARAUCOURT Edmond (Bourmont, Haute-Marne 1856 - Paris 1941)
French romantic novelist and playwright of Parnassian influence.
He was the curator of the museum of Cluny in Paris. His "History of France explained at Cluny" appeared in 1922. He was the author of the most celebrated verse in French poetry: "Partir, c'est mourir un peu..." ("Le Rondel de l'Adieu").

DESTAPE Jules
De 1826 à 1870, il fut chef d'atelier chez le bijoutier Gustave Baugrand fournisseur de la Cour du Kaiser. C'est à la mort de son patron en 1870, qu'il monta son propre atelier Place Gaillon.
Il fut l'un des premiers à apprécier et à utiliser les dessins de René Lalique. Lorsqu'il décida en 1885 de se retirer en Algérie afin d'y gérer les vignobles qu'il possédait, il proposa à ce dernier de prendre sa succession.

"Le monde des eaux, de la terre et du ciel"
Citation extraite de l'ouvrage "René Lalique" par Gustave Geffroy, paru en 1922.
Collection l'ART DÉCORATIF MODERNE - Éditions d'Art E. Mary - Paris.

GEFFROY Gustave (1855-1926)
Journaliste, écrivain et critique d'Art Français, se déclara en faveur de l'impressionnisme et du naturalisme. En plus de huit volumes d'articles publiés sous le titre "Vie Artistique" ainsi que douze volumes sur les musées d'Europe, on lui doit aussi des études sur Gustave Moreau (1900), Daumier (1901), Rubens (1902), Claude Monet (1924) et celle sur René Lalique parue en 1922.
Cézanne fit son portrait et Rodin son buste (Musée Rodin).

LORRAIN Jean (Paul Duval, dit Jean)
Journaliste, poète, conteur et romancier français, né à Fécamp en 1855 ; mort à Paris en 1906.
On lui doit des œuvres très variées généralement empreintes d'un naturalisme et d'un symbolisme fervents.

MARX Roger (Nancy 1859 - Paris 1913)
Inspecteur des Beaux Arts, mais aussi critique d'Art, il fit preuve d'un remarquable esprit novateur. Par ses écrits, il contribua à la philosophie de l'Art Nouveau et au développement des Arts Décoratifs :
– La Décoration et les Industries d'Art à l'Exposition Universelle de 1889 (1900).
– La Décoration et les Industries d'Art à l'Exposition Universelle de 1900 (1902).
– L'Art Social (1913).

HARAUCOURT Edmond (Bourmont, Haute-Marne 1856 - Paris 1941)
Cet écrivain français de filiation romantique et parnassienne, auteur de romans et d'œuvres dramatiques, publia également en 1922 une "Histoire de France expliquée au Musée de Cluny" dont il était le conservateur.
Il est l'auteur de l'un des vers les plus célèbres de la poésie française : "Partir, c'est mourir un peu..." ("Le Rondel de l'Adieu").

le bijou
jewellery

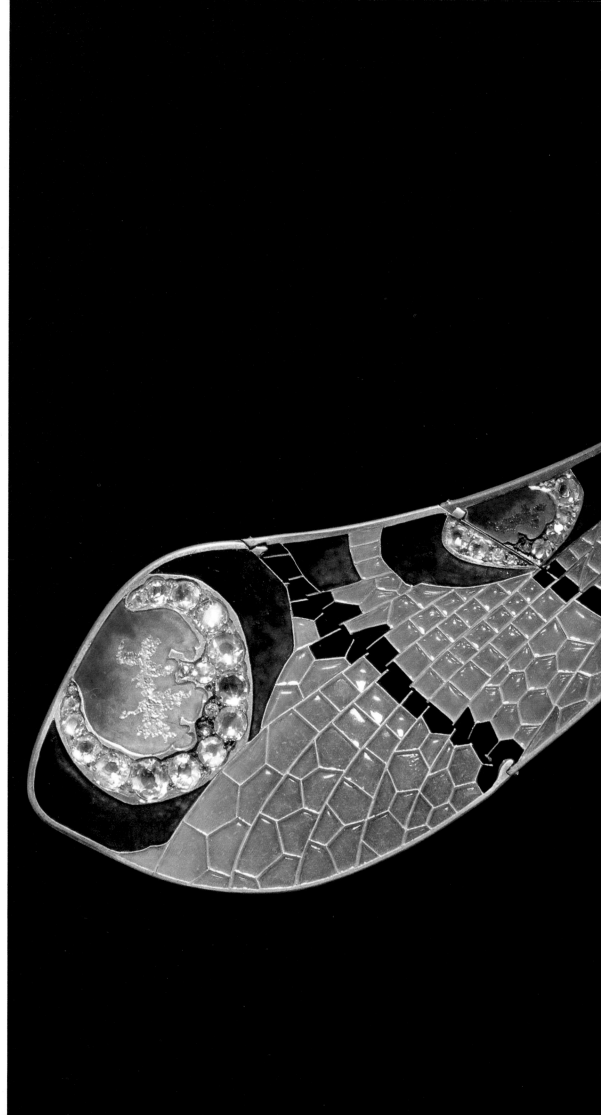

Devant de corsage
dit "Grande Libellule".
Or, émaux cloisonnés et plique
à jour, cabochons de pierre de lune,
brillants et chrysoprase,
27 x 26,5 cm.
Créé entre 1897 et 1898
Signé LALIQUE.
Collection du Musée
Calouste Gulbenkian. Lisbonne.

"Grande Libellule"
corsage ornament (dragonfly).
Gold, cloisonné and plique à jour
enamel, moonstone cabochons,
diamonds, chrysoprase,
27 x 26.5 cm.
Created between 1897 and 1898
Signed LALIQUE.
Calouste Gulbenkian Museum. Lisbon.

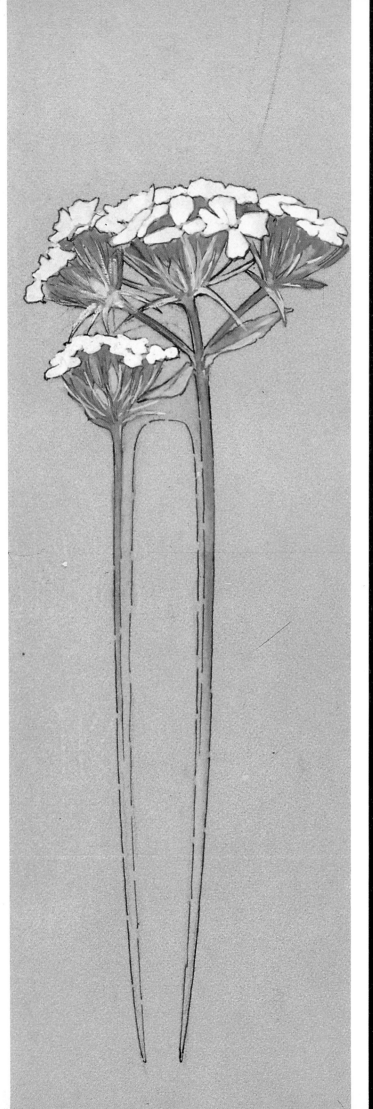
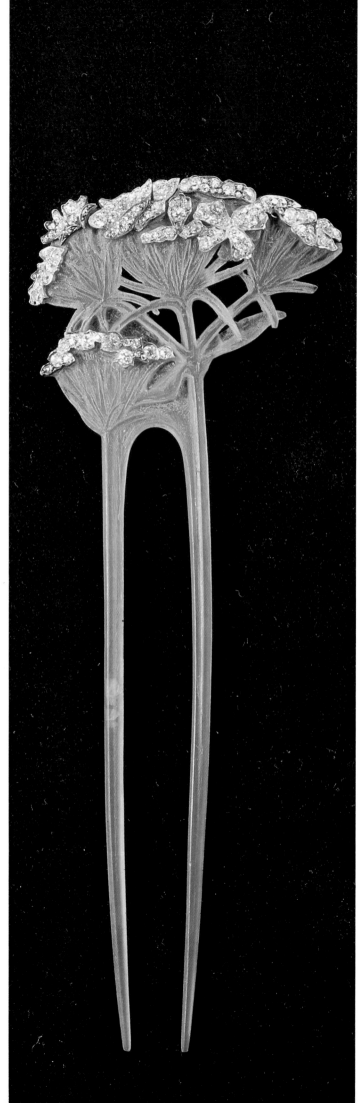

Dessin original. Gouache sur papier végétal.
Collection LALIQUE.

Original drawing. Gouache on parchment.
LALIQUE collection.

Epingle à cheveux à motifs d'ombelles.
Corne et brillants. Hauteur : 16 cm.
Créée entre 1902 et 1903. Signée LALIQUE.
Collection privée.

Hair pin with cow parsley motifs.
Horn and diamonds. Height: 16 cm.
Created between 1902 and 1903.
Signed LALIQUE. Private collection.

Peigne à motifs d'anémones.
Corne, émaux et brillants. 15 x 9,5 cm.
Créé entre 1899 et 1901. Signé LALIQUE.
Collection du Musée Calouste Gulbenkian. Lisbonne.

Comb with anemone motifs.
Horn, enamel, diamonds. 15 x 9.5 cm.
Created between 1899 and 1901. Signed LALIQUE.
Calouste Gulbenkian Museum. Lisbon.

Peigne à motifs d'ombelles.
Corne et décor en cloisonné argent sur fond d'émail brun.
15 x 9 cm. Signé LALIQUE.
Collection du Musée des Arts Décoratifs de Paris. Acquis au Salon de 1898.

Comb with cow parsley motifs.
Horn, cloisonné silver, brown enamel. 15 x 9 cm. Signed LALIQUE.
Musée des Arts Décoratifs, Paris. Acquired at the 1898 Salon.

Peigne à motifs de paons. Corne, or et émaux. Incrustations d'opales.
Haut. : 18 cm. Signé LALIQUE. Col. Musée des Arts Décoratifs de Paris.
Acquis au Salon de 1898.

Comb with peacock motifs. Horn, gold, enamel. Opal incrustations.
Height: 18 cm. Signed LALIQUE. Musée des Arts Décoratifs, Paris.
Acquired at the 1898 Salon.

Peigne aux feuilles et fleurs de muguet. Corne, or et émaux.
15,4 x 9,4 cm. Créé vers 1900. Signé LALIQUE.
Collection du Musée des Arts Décoratifs de Paris.

Comb with lily of the valley motifs, leaves and flowers.
Horn, gold, enamel. 15,4 x 9,4 cm. Created c. 1900.
Signed LALIQUE. Musée des Arts Décoratifs, Paris.

43

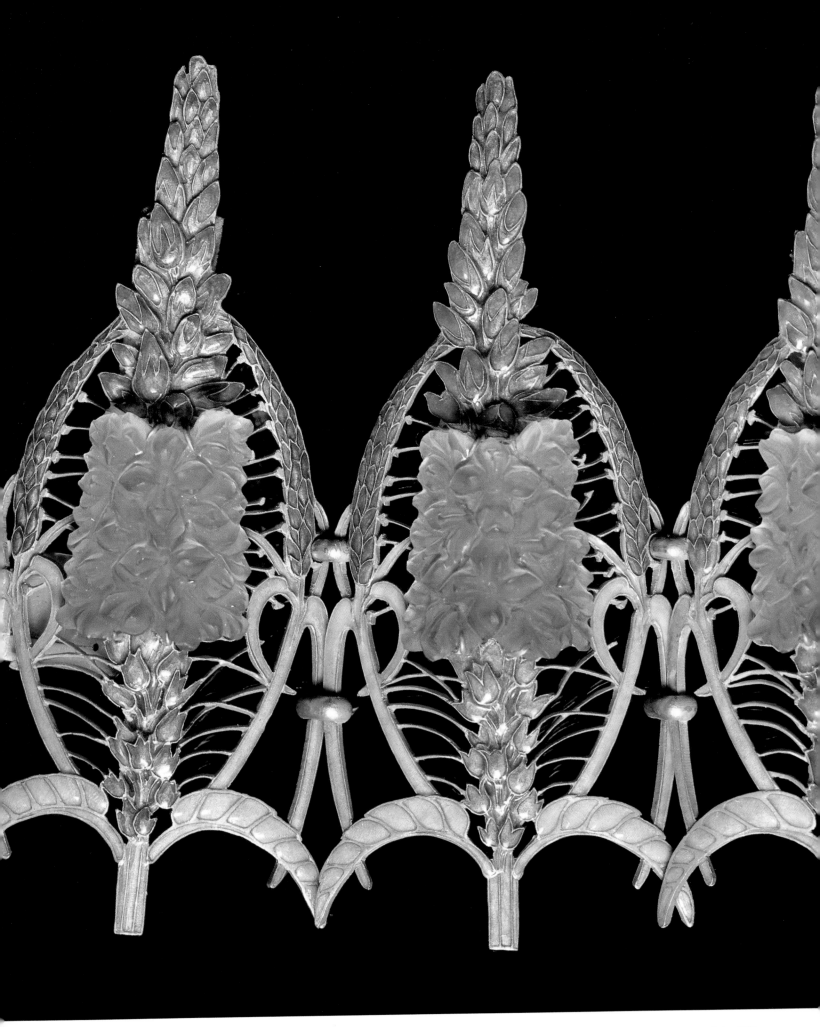

Bracelet à motifs de fleurs de lupins. Or, verre et émaux. 8,1 x 17,5 cm.
Créé entre 1900 et 1902. Signé LALIQUE. Collection du Musée Calouste Gulbenkian. Lisbonne.

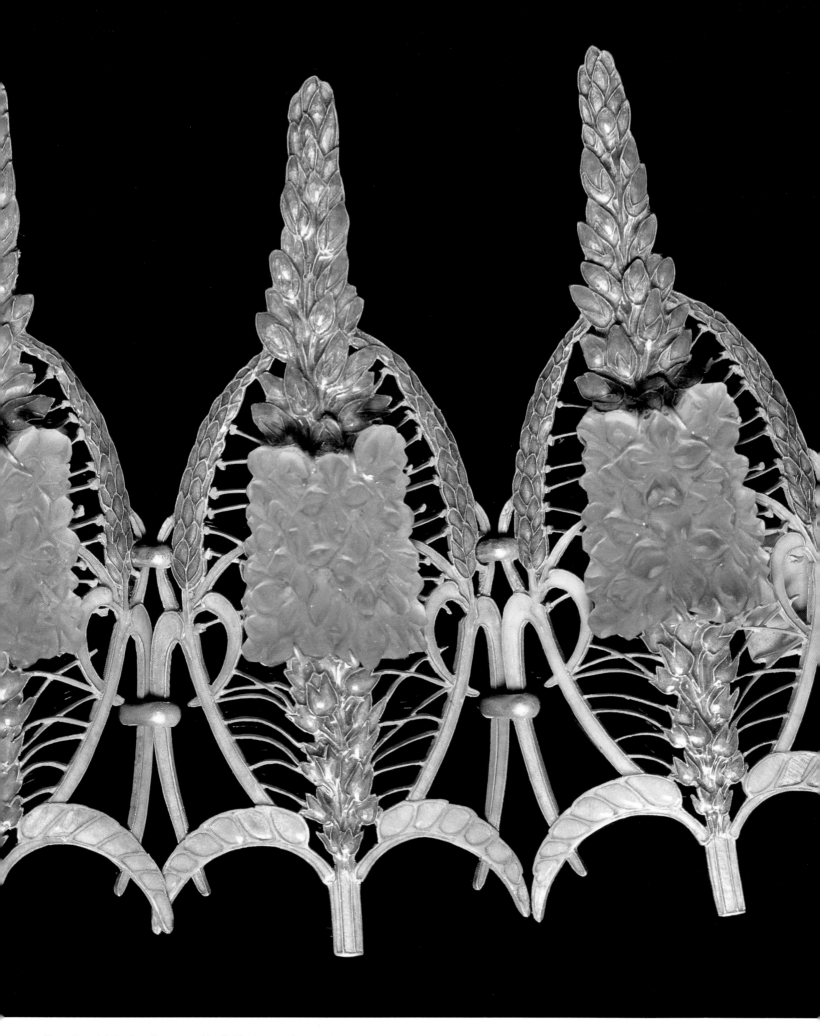

Bracelet with lupine flower motifs. Gold, glass and enamel. 8.1 x 17.5 cm.
Created between 1900 and 1902. Signed LALIQUE. Calouste Gulbenkian Museum. Lisbon.

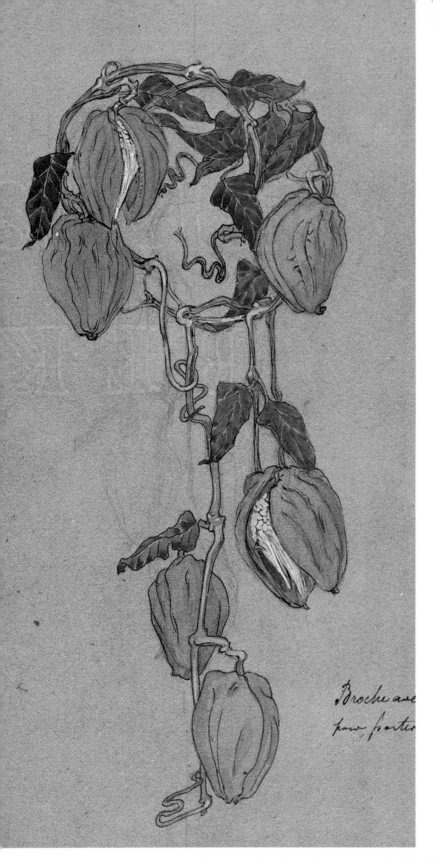

Dessin original. Gouache sur papier végétal.
Collection LALIQUE.

*Original drawing. Gouache on parchment.
LALIQUE collection.*

Broche articulée à motifs de clématites.
Or et argent oxydé noir. Emaux bruns et blancs.
15,7 x 6,8 cm. Créée vers 1902. Signée LALIQUE. Collection privée.

*Articulated brooch with clematis motifs.
Gold and oxydized black silver. Brown and white enamel.
15.7 x 6.8 cm. Created c. 1902. Signed LALIQUE. Private collection.*

Plaque de collier : profil de femme et fleurs de pavots.
Or, émaux et chrysoprase. 5,3 x 8,7 cm.
Créée entre 1899 et 1900. Signée LALIQUE.
Collection du Musée Calouste Gulbenkian. Lisbonne.

Necklace plaque: female profile with poppy flowers.
Gold, enamel, chrysoprase. 5.3 x 8.7 cm.
Created between 1899 and 1900. Signed LALIQUE.
Calouste Gulbenkian Museum. Lisbon.

Devant de corsage à motifs de coléoptères. Or, verre, émaux, argent et tourmalines.
4,8 x 16 cm. Créé entre 1903 et 1904. Signé LALIQUE.
Collection du Musée Calouste Gulbenkian. Lisbonne.

Corsage ornament with beetle motifs. Gold, glass, enamel, silver and tourmaline.
4.8 x 16 cm. Created between 1903 and 1904. Signed LALIQUE.
Calouste Gulbenkian Museum. Lisbon.

Broche : "Femme aux Pavots". Argent, verre, émaux et perle baroque.
7 x 5,1 cm. Créée entre 1898 et 1900. Signée LALIQUE.
Collection du Musée Calouste Gulbenkian. Lisbonne.
Acquise vers 1901.

Brooch: "Femme aux Pavots". (Woman with poppies).
Silver, glass, enamel and baroque pearl. 7 x 5.1 cm.
Created between 1898 and 1900. Signed LALIQUE.
Calouste Gulbenkian Museum. Lisbon. Acquired c. 1901.

Bracelet à motifs d'hiboux et de branchages. Or, verre, émaux et calcédoines.
6,1 x 20 cm. Créé entre 1900 et 1901. Signé LALIQUE.
Collection du Musée Calouste Gulbenkian. Lisbonne. Acquis en 1902.

Bracelet with owl and branch motifs. Gold, glass, enamel, chalcedonies.
6.1 x 20 cm. Created between 1900 and 1901. Signed LALIQUE.
Calouste Gulbenkian Museum. Lisbon. Acquired in 1902.

Pendentif "Joueuse de Diaulos".
Motif de femme et de salamandre.
Or, émaux et chrysolites. 5,8 x 3,1 cm.
Créé entre 1900 et 1902. Signé LALIQUE.
Christie's. Genève.

Pendant "Joueuse de Diaulos" (Diaulos player).
Woman and salamander motif.
Gold, enamel, chrysolites. 5.8 x 3.1 cm.
Created between 1900 and 1902.
Signed LALIQUE. Christie's. Geneva.

Montre de gousset. Boîtier à motifs de branchages et de pommes de pin. Emaux verts gravés, cloisonnés d'or sur fond d'émaux translucides blancs laiteux. Diamètre : 5,3 cm. Créée entre 1898 et 1900. Signée LALIQUE. Collection Musée des Arts Décoratifs de Paris

Pocket watch. Watch case decorated with branches and pine cones. Engraved green enamel, gold cloisonné, background of
translucent and milk white enamel. Diameter: 5.3 cm. Created between 1898 and 1900. Signed LALIQUE. Musée des Arts Décoratifs, Paris

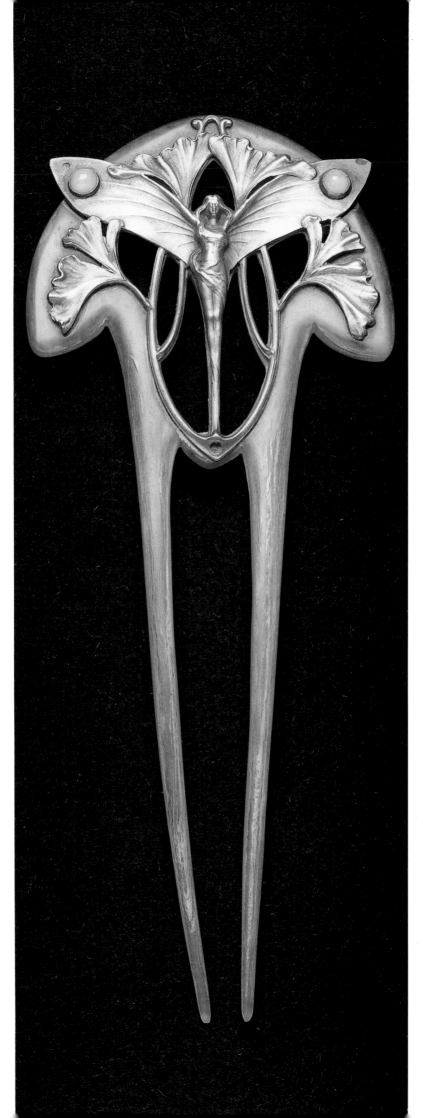

Epingle à cheveux à motif de femme ailée.
Corne, argent et opales. 20 x 8 cm.
Créée vers 1900. Signée LALIQUE.
Collection Igino Consigli. Parme.

Hair pin with winged woman motif.
Horn, opals, silver. 20 x 8 cm.
Created c 1900. Signed LALIQUE.
Igino Consigli collection. Parma.

Devant de corsage à motif de paon. Or, émaux, opales et brillants. 9,3 x 18,7 cm. Créé entre 1898 et 1899. Signé LALIQUE.
Collection du Musée Calouste Gulbenkian. Lisbonne. Acquis en 1900.

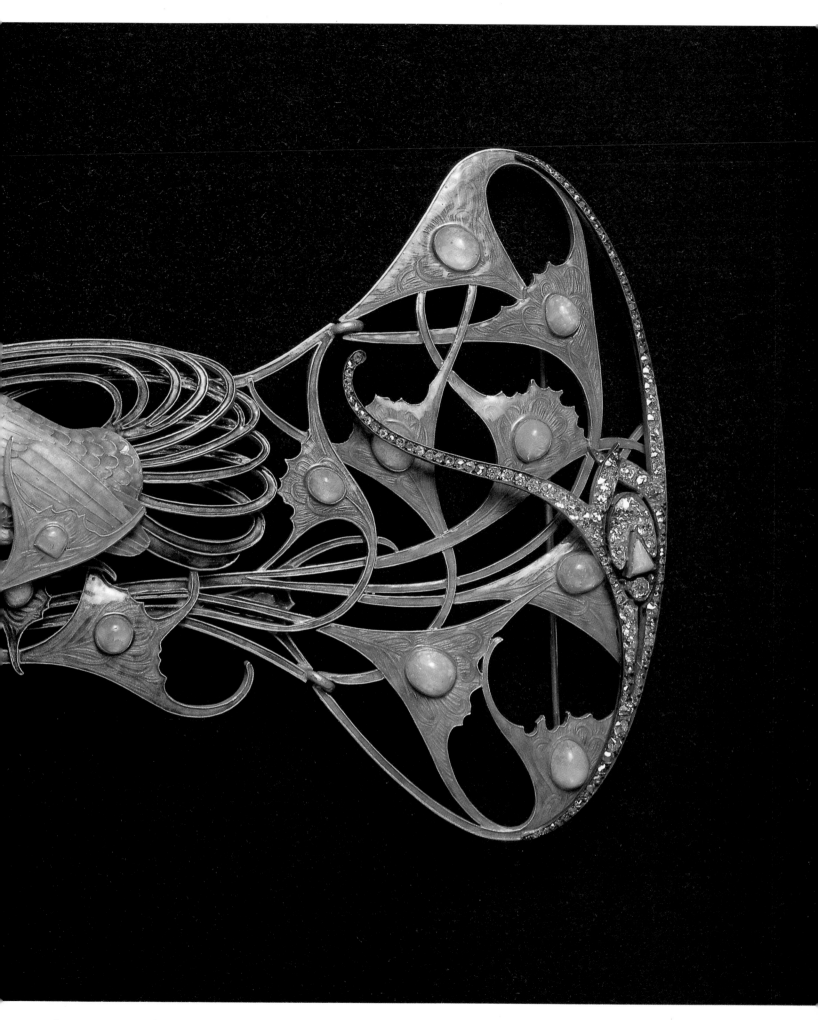

Corsage ornament with peacock motif. Gold, enamel, opals, diamonds. 9.3 x 18.7 cm. Created between 1898 and 1899.
Signed LALIQUE. Calouste Gulbenkian Museum. Lisbon. Acquired in 1900.

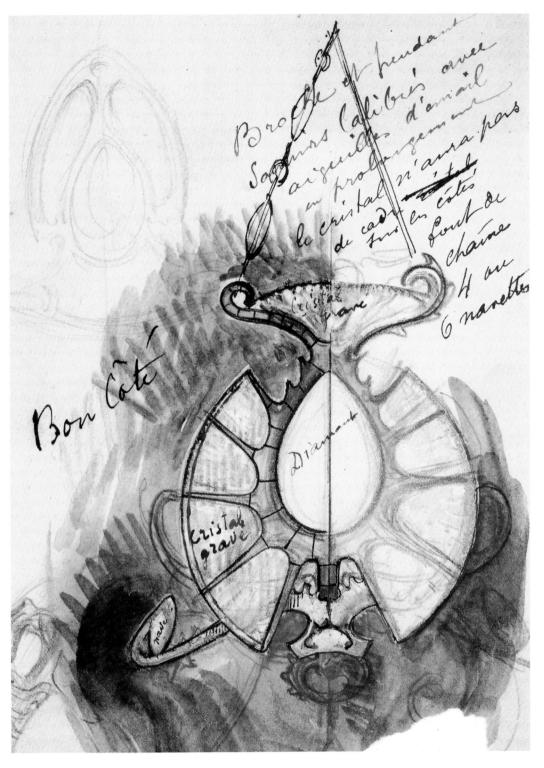

Dessin original. Collection LALIQUE.

Original drawing. LALIQUE collection.

Pendentif à motif de chardon. Pierre de lune, saphirs, verre, émaux,
brillants et or. 8,4 x 8,2 cm. Créé entre 1898 et 1900. Signé LALIQUE.
Collection du Musée Calouste Gulbenkian. Lisbonne.

*Pendant with thistle motif. Moonstone, sapphires, glass,
enamel, diamonds, gold. 8.4 x 8.2 cm. Created between 1898 and 1900.
Signed LALIQUE . Calouste Gulbenkian Museum. Lisbon.*

Broche à motifs de pensées. Or, émaux, verre et brillants.
7,5 x 6 cm. Signée LALIQUE. Collection Lalique.

Brooch with pansy motifs. Gold, enamel, glass and diamonds.
7.5 x 6 cm. Signed LALIQUE. Lalique collection.

Pendentif "Le Baiser". Or, cristal de roche et émaux. 4,7 x 5,9 cm. Créé entre 1904 et 1905. Signé LALIQUE.
Collection du Musée Calouste Gulbenkian. Lisbonne.

"Le Baiser" (the kiss) pendant. Gold, rock crystal, enamel. 4.7 x 5.9 cm. Created between 1904 and 1905. Signed LALIQUE.
Calouste Gulbenkian Museum. Lisbon.

Broche à motifs de papillons. Corne, or et émaux.
10 x 13,5 cm. Créée entre 1906 et 1907. Signée LALIQUE. Christie's. Genève.

Brooch with butterfly motif. Horn, gold, enamel.
10 x 13.5 cm. Created between 1906 and 1907. Signed LALIQUE. Christie's. Geneva.

Epingle à cheveux à motifs de guêpes. Or, émaux, opale et brillants.
7,6 x 10,2 cm (longueur avec l'épingle : 21 cm). Créée entre 1899 et 1900. Signée LALIQUE.
Collection du Danish Museum of Decorative Art. Copenhague.
Acquise à l'Exposition Universelle de 1900.
Photographie : Ole Woldbye.

Hair pin with wasp motif. Gold, enamel, opal and diamonds.
7.6 x 10.2 cm (length with pin: 21 cm). Created between 1899 and 1900.
Signed LALIQUE. Danish Museum of Decorative Art. Copenhagen.
Acquired during the Universal Exhibition of 1900.
Photograph by Ole Woldbye.

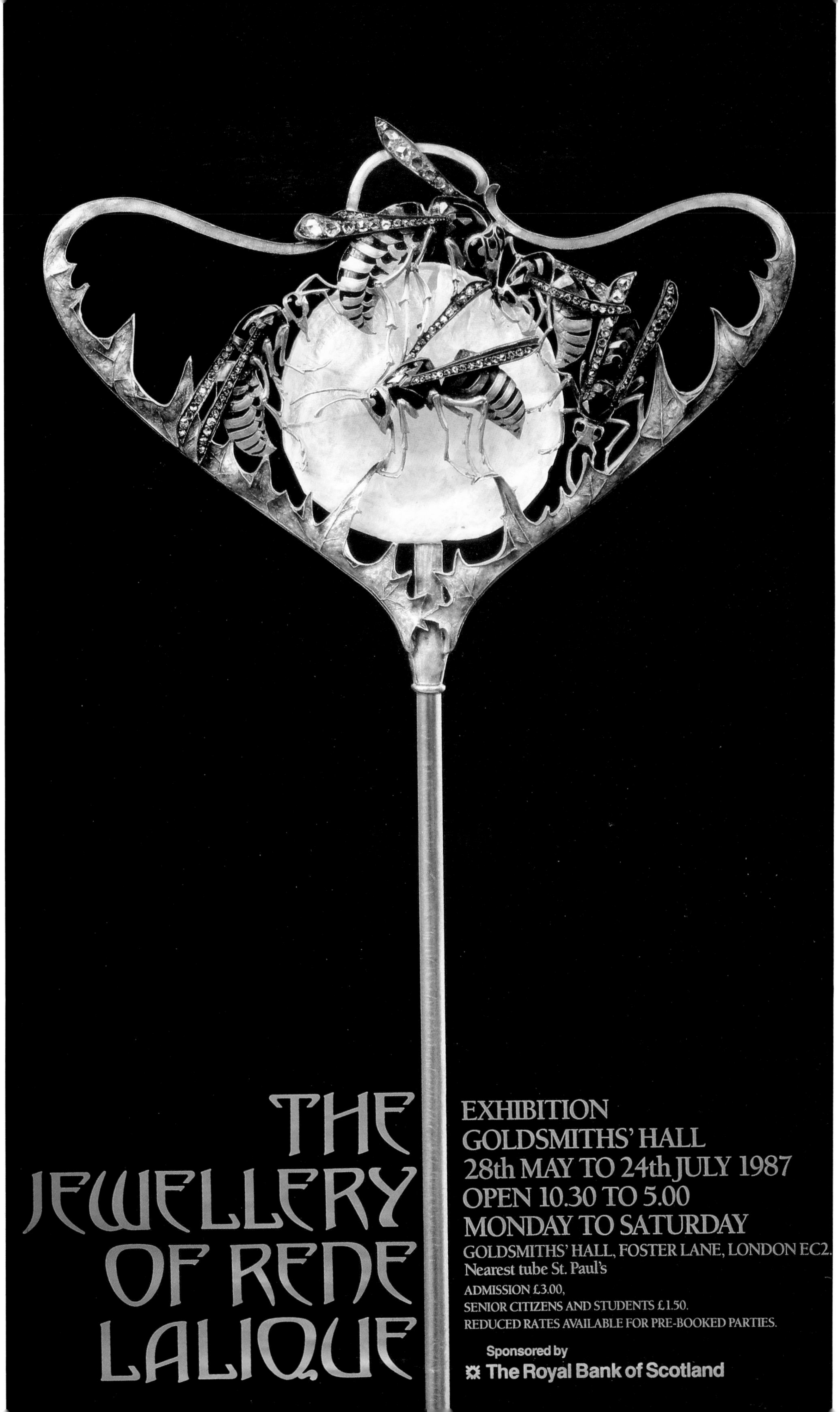
THE
JEWELLERY
OF RENE
LALIQUE
EXHIBITION
GOLDSMITHS' HALL
28th MAY TO 24th JULY 1987
OPEN 10.30 TO 5.00
MONDAY TO SATURDAY
GOLDSMITHS' HALL, FOSTER LANE, LONDON EC2.
Nearest tube St. Paul's
ADMISSION £3.00,
SENIOR CITIZENS AND STUDENTS £1.50.
REDUCED RATES AVAILABLE FOR PRE-BOOKED PARTIES.
Sponsored by
The Royal Bank of Scotland

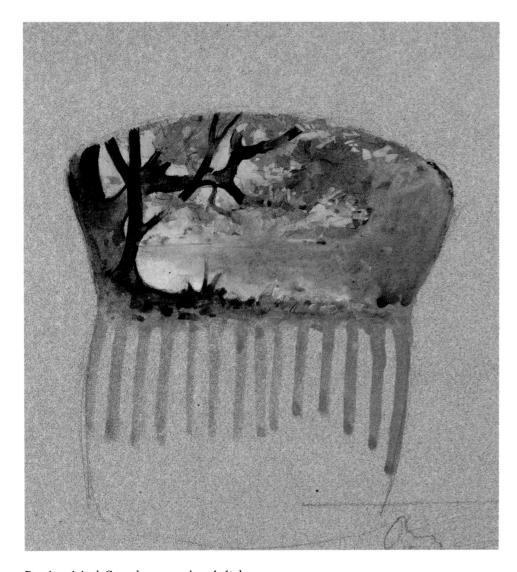

Dessin original. Gouache sur papier végétal.
Collection LALIQUE.

Original drawing. Gouache on parchment.
LALIQUE collection.

Pendentif "Paysage d'hiver". Or, émaux, verre et perle baroque.
8,9 x 6,5 cm. Créé entre 1899 et 1900. Signé LALIQUE.
Collection du Musée Calouste Gulbenkian. Lisbonne. Acquis en 1900.

"Paysage d'hiver" (Winter landscape) pendant. Gold, enamel,
glass, baroque pearl. 8.9 x 6.5 cm. Created between 1899 and 1900. Signed LALIQUE.
Calouste Gulbenkian Museum. Lisbon. Acquired in 1900.

Face à main à décor de lézard. Or et émaux. 16,2 x 3,8 cm (replié). Créé entre 1899 et 1901.
Signé LALIQUE. Collection du Musée des Arts Décoratifs de Paris. (Don de la Baronne Félix Oppenheim).

Lorgnette lizard decoration. Gold, enamel. 16.2 x 3.8 cm (folded). Created between 1899 and 1901.
Signed LALIQUE. Musée des Arts Décoratifs, Paris. (Donation by Baroness Félix Oppenheim).

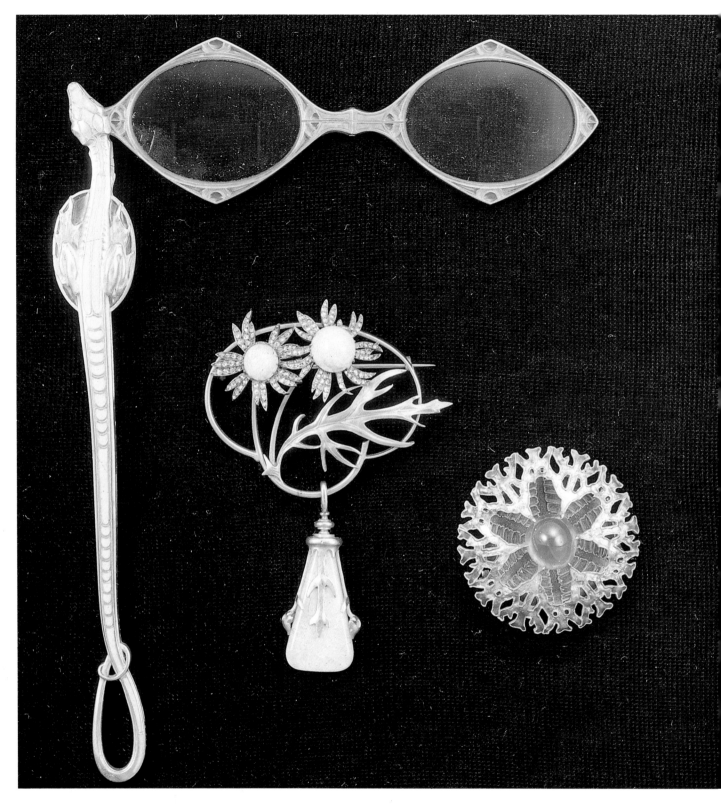

Broche à motifs de chrysanthèmes. Or, opales et petits brillants. 8,5 x 5,9 cm.
Créée entre 1898 et 1899. Signée LALIQUE. Collection du Musée des Arts Décoratifs de Paris. (Legs Dechabanne-Binot).

Brooch with chrysanthemum motifs. Gold, opals, small diamonds. 8.5 x 5.9 cm.
Created between 1898 and 1899. Signed LALIQUE. Musée des Arts Décoratifs, Paris. Bequeathed by Dechabanne-Binot.

Broche représentant un bleuet stylisé. Or, émaux et saphir bleu clair.
Diamètre : 4 cm. Signée LALIQUE. Collection du Musée des Arts Décoratifs de Paris.

Brooch representing a stylized cornflower. Gold, enamel, light blue sapphire.
Diameter: 4 cm. Signed LALIQUE. Musée des Arts Décoratifs, Paris.

Pendentif avec sa chaîne. Profil de femme et motifs de fleurs. Or ciselé, émaux bleutés, calcédoine
et perles baroques. 9,9 x 6 cm. Créé entre 1898 et 1899. Signé LALIQUE. Collection du Musée des Arts Décoratifs de Paris.

Pendant with chain. Female profile and flower motifs. Chased gold, blue enamel, chalcedony,
baroque pearls. 9.9 x 6 cm Created between 1898 and 1899. Signed LALIQUE. Musée des Arts Décoratifs, Paris.

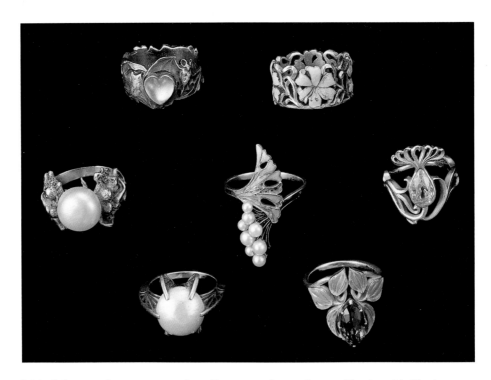

Série de bagues. Or, argent ou cuivre. Emaux, opales, perles, améthystes et brillants.
Créées entre 1900 et 1906. Signées LALIQUE. Collection du Musée des Arts Décoratifs de Paris.

Collection of rings. Gold, silver, copper. Enamel, opals, pearls, amethysts, diamonds.
Created between 1900 and 1906. Signed LALIQUE. Musée des Arts Décoratifs, Paris.

Collier à motifs de femmes et de cygnes. Or, émaux, améthystes et opales.
Circonférence : 45,5 cm. Diamètre : 24,1 cm. Créé entre 1897 et 1899. Signé LALIQUE.
Collection Lillian Nassau et Metropolitan Museum of Art. New York.

Necklace with motifs of women and swans. Gold, enamel, amethysts, opals.
Circumference: 45.5 cm. Diameter: 24.1 cm. Created between 1897 and 1899. Signed LALIQUE.
Lillian Nassau collection and Metropolitan Museum of Art. New York.

Boucle de ceinture représentant un cerf entouré de feuillages.
Verre coloré et métal. 11 x 4 cm. Créée entre 1908 et 1914. Signée R. LALIQUE.
Collection Laurens et Lorraine Tartasky, Crystal Galleries, Colorado.
Photographie : Chris Walton.

Belt buckle depicting a grazing stag. Coloured glass, metal.
11 x 4 cm. Created between 1908 and 1914. Signed R. LALIQUE.
Laurens and Lorraine Tartasky collection, Crystal Galleries, Colorado.
Photograph by Chris Walton.

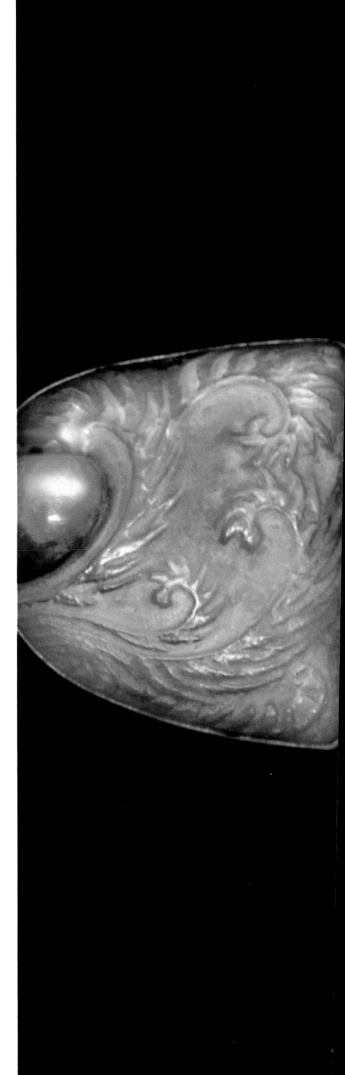

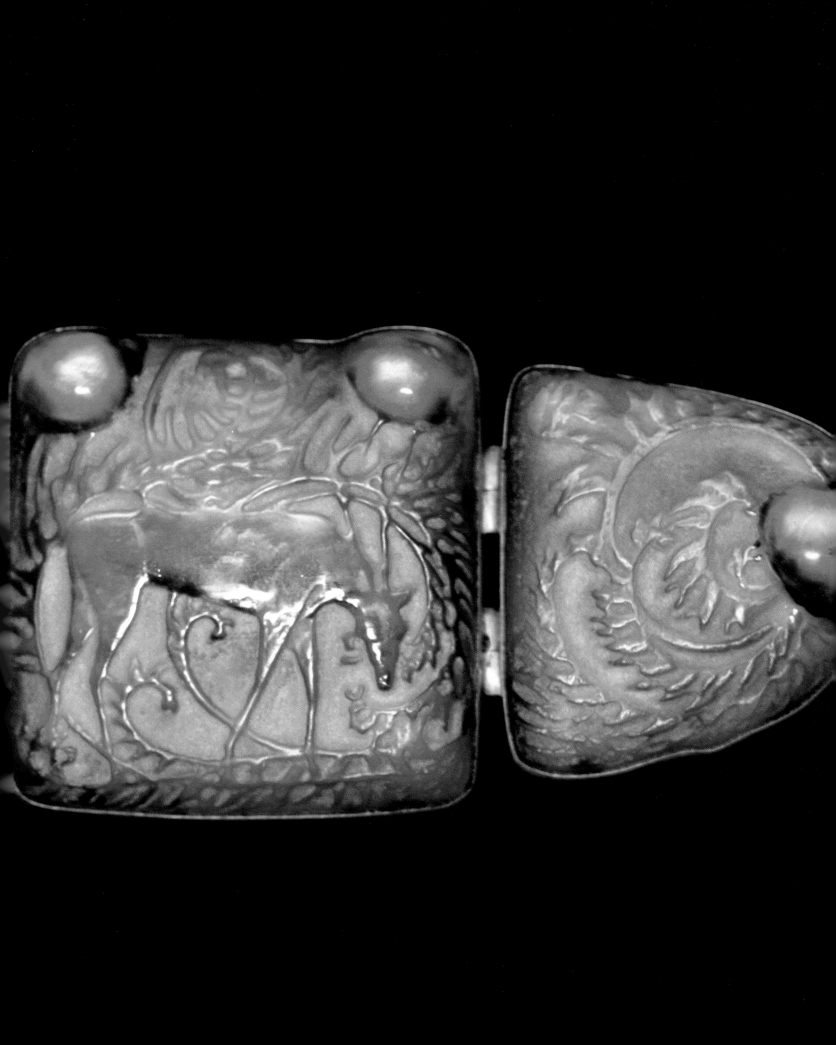

Collier de perles de verre coloré en forme de fleurs de lotus refermées. Longueur : 32 cm. Créé vers 1920.
Collection Primavera Gallery. New York. Photographie : Scott Hyde.

Necklace of coloured glass pearls in the form of closed lotus flowers. Length: 32 cm. Created in 1920.
Primavera Gallery collection. New York. Photograph by Scott Hyde.

Echarpe tissée en soie à motifs d'épis de blé de couleur or et brun sur fond crème.
315 x 55 cm. Créée entre 1906 et 1907. Signée R. LALIQUE. Fabriquée par Bianchini Férier et Cie.
Collection du Musée des Arts Décoratifs de Paris. Acquise au Salon de 1907.

Silk woven scarf with motifs of golden and brown ears of corn. Cream background.
315 x 55 cm. Created between 1906 and 1907. Signed R. LALIQUE.
Made by Bianchini Férier & Cie. Musée des Arts Décoratifs, Paris. Acquired at 1907 Salon.

Portrait de Liane de Pougy vers 1890-1895.
La célèbre demi-mondaine de la Belle Epoque est ici photographiée
portant sur le front et autour du cou des bijoux de René Lalique.
Silver. Londres.

Portrait of Liane de Pougy c. 1890-1895.
The celebrated "demi-mondaine" of the Belle Epoque is photographed
here wearing on her forehead and around her neck the jewels of
René Lalique. Silver. London.

Sac à main du soir en mailles d'argent doublé de peau.
Fermoir en argent à motif d'abeilles et de pierres de lune.
18 x 18 cm. Créé entre 1901 et 1903. Signé LALIQUE.
Collection Lillian Nassau. New York.

Handbag for the evening, silver chainmail and leather lining.
Silver fastener with moonstone and bee motifs.
18 x 18 cm. Created between 1901 and 1903. Signed LALIQUE.
Lillian Nassau collection. New York

l'architecture
architecture

Salle à manger de 1ʳᵉ classe du paquebot "Normandie" lancé en 1936.
Tous les éléments d'éclairage en verre incolore satiné étaient de René Lalique.

First class dining room on board the ocean-liner "Normandie" launched in 1936.
All the lighting elements were created by René Lalique in frosted colourless glass.

Lustre du paquebot "Normandie" à motifs géométriques
en verre incolore satiné. Créé entre 1934 et 1935. Photographie Schall.

Chandelier on board the ocean-liner "Normandie" with geometrical motifs
in frosted colourless glass. Created between 1934 and 1935. Photograph Schall.

Lanterne à motifs de feuilles d'acanthes stylisées en verre satiné ,
créée pour l'éclairage de la galerie du Lido sur les Champs-Elysées en 1926 .
Photographie archives Lalique.

Lamp of stylized acanthus leaves in frosted glass.
Created in 1926 for the lighting on the galerie du Lido on the Champs-Elysées.
Lalique archives photograph.

Fontaine centrale de L'Exposition Universelle de 1925, baptisée du nom symbolique de "Sources de France." Verre incolore satiné. Motifs de cariatides et de coquillages. Photographie archives Lalique.

Central fountain at the 1925 Universal Exhibition, baptized with the symbolic name of "Sources of France." Frosted colourless glass. Caryatid and shell motifs. Lalique archives photograph.

Fontaine en verre transparent à motifs de poissons jaillissants créée pour le pavillon de la Céramique à l'Exposition Universelle de 1937. Devenue par la suite propriété de la Ville de Marseille. Photographie archives Lalique.

Clear glass fountain with motifs of leaping fish created for the Ceramic pavilion at the 1937 Universal Exhibition.
This piece became the property of the City of Marseilles. Lalique archives photograph.

Salle à manger présentée dans le pavillon de René Lalique
à l'Exposition Universelle de 1925. Photographie archives Lalique.

Dining room presented at the René Lalique pavilion.
1925 Universal Exhibition. Lalique archives photograph.

Fontaine à motifs de pigeons et de fleurs en verre satiné commandée en 1932
par la ville de Paris pour le Rond-Point des Champs-Elysées.
Photographie archives Lalique.

Fountain with pigeon and flower motifs in frosted glass.
Ordered by the city of Paris for the Rond-Point des Champs-Elysées
in 1932. Lalique archives photograph.

Vue de la salle à manger de Madame Paquin.
La table en verre aurait été créée par René Lalique
pour le Salon de 1929. Photographie archives Lalique.

Part of Madame Paquin's dining room.
The glass table may well have been created by René Lalique
for 1929 Salon. Lalique archives photograph.

Fontaine en verre incolore satiné créée pour la salle à manger de Madame Paquin
en 1930. Les panneaux de verre insérés dans l'arche sont décorés de fruits et de grappes en relief.
Deux amours couronnés de fleurs composent le motif central. Photographie archives Lalique.

Fountain in frosted colourless glass created in 1930 for Madame Paquin's
dining room. The glass panels inserted into the arch are decorated with fruit and clusters of grapes in relief.
The central motif is a couple of cherubs with crowns of flowers. Lalique archives photograph.

Portes intérieures du Tokyo
Metropolitan Teien Art Museum
composées de panneaux de verre incolore
satiné, sculptés de motifs en relief
représentant une déesse ailée
encadrée de guirlandes de fleurs.

Interior doors at the Tokyo
Metropolitan Teien Art Museum.
Colourless frosted glass panels
with high relief sculptured motifs
depicting a winged goddess
amidst wreaths of flowers.

Lustre en verre transparent patiné brun à motifs
de fleurs et de rinceaux créé en 1927 pour l'immeuble
du 40, Cours Albert Ier.

Brown patinated clear glass chandelier
with flower motifs and foliated scrolls.
Created in 1927 for the 40, Cours Albert Ier.

Vue de l'escalier de l'immeuble
du 40, Cours Albert Ier. René Lalique avait dessiné
pour la rampe des motifs de branchages stylisés
réalisés en fonte. La main courante est en cuivre.
Photographie Rodolphe Hamadi.

View of the staircase at 40, Cours Albert Ier.
The stylized branch motifs of the banister
were designed by René Lalique and realized
in cast iron. The hand-rail is in copper.
Rodolphe Hamadi photograh.

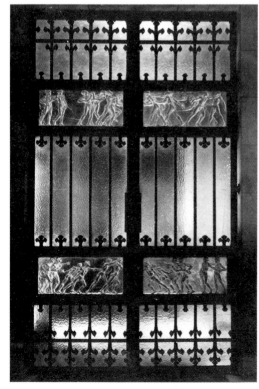

Détail de la porte intérieure de l'immeuble du 40, Cours Albert Ier. Panneau de verre réalisé selon la technique de la cire perdue.

Detail of interior door at 40, Cours Albert Ier. Glass panel realized in lost-wax technique.

Porte intérieure de l'immeuble
du 40, Cours Albert Ier composée
de panneaux de verre satiné
dont certains sont sculptés de figures
d'athlètes courant ou luttant.
Créée en 1902. Photographie archives Lalique.

Interior door at 40, Cours Albert Ier.
Frosted glass panels, some of which depict
running or wrestling athletes.
Created in 1902. Lalique archives photograph.

Détail du petit autel de l'église Saint Hélier de Jersey (1932).
Panneaux de verre incolore et satiné, sculptés de figures d'anges.

*Detail of small altar in the church of Saint Helier
in Jersey (1932). Colourless glass panels depicting frosted figures of angels.*

Décoration de l'église Saint Hélier de Jersey réalisée en 1932.
Le maître autel, les vitraux et les grilles du chœur sont en verre
incolore, sculpté de motifs de fleurs de lys satinés.

Decoration realized in 1932 for the church of Saint Helier in Jersey.
Main altar, stained glass windows and railing in colourless
glass depicting frosted fleur-de-lys.

Vue de la voiture-restaurant n° 4141 du Venise-Simplon-Orient Express décorée en 1929 par René Lalique dans le style "Côte d'Azur".
Photographie Neil Lorrimer

View of dining car n° 4141 of the Venice-Simplon-Orient Express decorated by René Lalique in the "Côte d'Azur" style (1929). Neil Lorrimer photograph

Détail de la décoration de la voiture-restaurant n° 4141 du Venise-Simplon-Orient Express :
panneaux de verre satiné, sculptés de personanges célébrant le culte de Bacchus
au milieu de sarments de vigne et de grappes de raisin stylisés (1929).

Detail of the decoration of the dining car n° 4141 of the Venice-Simplon-Orient Express :
frosted glass panels depicting worshippers of Bacchus amidst
stylized vines and clusters of grapes (1929).

Table en verre. Piètement composé de panneaux translucides
gravés de motifs de feuillages et satinés. Créée en 1928. Photographie archives Lalique.

Glass table. Foot composed of translucent engraved panels depicting
frosted leaf motifs. Created in 1928. Lalique archives photograph.

Maître-autel de l'église du Couvent de la Délivrande à Caen (Calvados).
Rétable composé de panneaux de verre incolore satiné,
sculptés de motifs de fleurs de lys. Réalisé en 1930.

Main altar in the church of the Convent of la Délivrande in Caen (Calvados).
Altar-piece in frosted colourless glass panels with fleur-de-lys motifs (1930).

Plaque de verre transparent représentant une meute forçant un cerf. Motifs satinés.
Socle de bronze éclairant. Largeur : 103 cm. Créée vers 1930.
Signée R. LALIQUE. Collection Lalique.

le verre
glasswork

Decorative motif depicting a pack of hounds bringing a stag at bay. Clear glass plate.
Satiny motifs. Illuminating bronze base. Length: 103 cm. Created c. 1930.
Signed R. LALIQUE. Lalique collection.

Flacon méplat "Sirènes" avec bouchon
figurine. Verre satiné et patiné brun.
Hauteur 37 cm. Créé avant 1914.
Signé R. LALIQUE. Collection Lalique.

Meplat "Sirènes" (mermaids) perfume
bottle with figurine on stopper.
Frosted and brown patinated glass.
Height: 37 cm. Created before 1914.
Signed R. LALIQUE. Lalique collection.

Vase "Estérel". Verre opalescent.
Motifs de feuillages patinés brun.
Hauteur : 15 cm. Créé entre 1924-1925.
Signé R. LALIQUE. Collection Lalique.

"Estérel" vase. Opalescent glass.
Brown patinated leaf motifs.
Height: 15 cm. Created c. 1924-1925.
Signed R. LALIQUE. Lalique collection.

Vase en verre satiné et patiné vert
à motifs de feuilles stylisés.
Hauteur : 14,5 cm. Créé avant 1914.
Signé R. LALIQUE. Collection Lalique.

Frosted and green patinated glass vase
with motif of stylized leaves.
Height: 14.5 cm. Created before 1914.
Signed R. LALIQUE. Lalique collection.

Grand miroir rond "Epines" en verre incolore, à motifs de ronces satinés.
Monture argent. Diamètre : 43 cm. Créé vers 1925. Signé R. LALIQUE. Collection Lalique.

Big round "Epines" (thorns) mirror. Colourless glass with frosted motifs.
Silver mounting. Diameter: 43 cm. Created c. 1925. Signed R. LALIQUE. Lalique collection.

Miroir à main en verre incolore à motifs d'hirondelles satinés.
Monture argent. Hauteur : 30 cm. Signé LALIQUE. Collection Lalique.
Créé vers 1924 pour la Princesse Victoria de Bade, épouse du Roi de Suède.

Hand mirror with swallow motifs. Colourless and frosted glass.
Silver mounting. Height: 30 cm. Signed R. LALIQUE. Lalique collection.
Created c. 1924 for Princess Victoria of Baden, wife of the King of Sweden.

Centre de table en argent créé vers 1902 et exposé
dès cette époque dans le salon d'exposition du cours Albert 1ᵉʳ.
Les naïades, les poissons et les végétaux sont en argent
tandis que l'eau est figurée par du verre satiné et sculpté.
58,5 x 68 x 100 cm. Signé LALIQUE.
Collection du Musée Calouste Gulbenkian, Lisbonne.

Silver table centrepiece created c. 1902 and since then
on exhibit at Cours Albert 1. The naiads, fish and plants
are in silver whilst the water is in sculptured frosted glass.
58.5 x 68 x 100 cm. Signed LALIQUE.
Calouste Gulbenkian Museum, Lisbon.

Plat décoratif en verre transparent représentant un couple de pigeons
au milieu des branchages. Motifs gravés émaillés noir. Diamètre : 37 cm.
Créé avant 1914. Signé LALIQUE. Collection Lalique.

Decorative dish in clear glass depicting two doves among branches.
Engraved and black enamelled motifs. Diameter: 37 cm.
Created before 1914. Signed LALIQUE. Lalique collection.

Pendulette "Cinq Hirondelles". Verre transparent.
Motifs d'hirondelles émaillés bleu nuit. Hauteur 15 cm.
Créée avant 1914. Signée LALIQUE. Collection Lalique.

Small clock "Cinq Hirondelles" (Five Swallows).
Colourless glass. Night blue enamelled swallow motifs.
Created before 1914. Height: 15 cm. Signed LALIQUE.
Lalique collection.

Pendulette "Quatre Perruches". Verre incolore
satiné. Hauteur : 15 cm. Créée avant 1914.
Signée R. LALIQUE. Collection Lalique.

Small clock: "Quatre Perruches" (Four budgerigars).
Frosted colourless glass. Height: 15 cm. Created before 1914
Signed R. LALIQUE. Lalique collection.

Applique murale éclairante en verre satiné à motifs de tulipes.
Diamètre : 48 cm. Créée en 1929. Signée R. LALIQUE. Collection Lalique.

Frosted glass sconce with tulip motifs. Diameter: 48 cm.
Created in 1929. Signed R. LALIQUE. Lalique collection.

Vase "Languedoc". Verre de couleur jaune à motif de feuilles stylisées.
Hauteur: 22,5 cm. Créé vers 1929. Signé R. LALIQUE. Collection Lalique.

"Languedoc" vase. Yellow glass. Motif of stylised leaves.
Height: 22.5 cm. Signed R. LALIQUE. Lalique collection. Created in 1929.

Vase "Tourbillons". Verre satiné à motifs géométriques dont les arêtes sont émaillées noir.
Hauteur : 20 cm. Créé en 1926. Signé R. LALIQUE. Collection Lalique.

Vase "Tourbillons" (whirlpool). Frosted glass with black enamel.
Height: 20 cm. Created in 1926. Signed R. LALIQUE. Lalique collection.

Vase "Archers" en verre de couleur ambre à motifs d'oiseaux et figures d'archers.
Hauteur : 26 cm. Créé vers 1922-1924. Signé R. LALIQUE. Collection Lalique.

"Archers" vase. Amber coloured glass. Motifs of birds and archers.
Height: 26 cm. Created c. 1922-1924. Signed R. LALIQUE. Lalique collection.

Vase "Chamarande". Verre coloré brun. Deux branches de ronciers fleuris forment les anses.
Créé en 1926. Hauteur : 19,5 cm. Signé R. LALIQUE. Collection Lalique.

"Chamarande" vase. Brown coloured glass. The handles are two flowering bramble branches.
Created in 1926. Height: 19.5 cm. Signed R. LALIQUE. Lalique collection.

Coffret décoré de plaques de verre serties de bois. Motifs de monnaies du Pape satinés.
Longueur : 35,5 cm. Créé entre 1912-1914. Signé R. LALIQUE. Collection Lalique.

Glass box with wood incasement. Frosted honesty flowers motif.
Length: 35.5 cm. Created c. 1912-1914. Signed R. LALIQUE. Lalique collection.

Coffret décoré de plaques de verre serties de bois. Motifs de papillons satinés.
Longueur : 29 cm. Créé entre 1912-1914. Signé R. LALIQUE. Collection privée.

Glass box with wood incasement. Frosted butterfly motif.
Length: 29 cm. Created c. 1912-1914. Signed R. LALIQUE. Lalique collection.

Pendule "Le Jour et la Nuit." Verre bleuté. Motifs : un homme et une femme. Socle bronze.
Diamètre : 37,4 cm. Créée en 1926. Signée R. LALIQUE. Collection Lalique.

"Le Jour et la Nuit." (Night and Day) clock. Blue glass. Motifs depicting man and woman. Bronze base.
Diameter: 37.4 cm. Created in 1926. Signed R. LALIQUE. Lalique collection.

Coupe trépied "Sirène." Verre satiné. Diamètre : 36 cm. Créée en 1914. Signée R. LALIQUE. Collection Lalique.

"Sirène" (mermaid) tripod dish. Frosted glass. Diameter: 36 cm. Created in 1914. Signed R. LALIQUE. Lalique collection.

Carafe en verre incolore à motifs de sirènes et de grenouilles patinés et émaillés brun gris. Hauteur 39 cm. Créée en 1912. Signée R. LALIQUE FRANCE. Collection Lalique.

Decanter with mermaid and frog motifs. Patinated colourless glass, brown grey enamel. Height: 39 cm. Created in 1912. Signed R. LALIQUE FRANCE. Lalique collection.

Vase "Grande Boule de Lierre" en verre incolore satiné. Motifs de feuilles de lierre patinés brun.
Hauteur : 35 cm. Créé avant 1914. Signé R. LALIQUE. Collection Lalique.

"Grande Boule de Lierre" vase. Frosted colourless glass. Brown patinated motifs depicting ivy.
Height: 35 cm. Created before 1914. Signed R. LALIQUE. Lalique collection.

LA VILLE DE PARIS A LEURS MAJESTES BRITANNIQUES
LE ROI GEORGE VI ET LA REINE ELIZABETH
29 JUIN 1938

Surtout "Caravelle." Plaque de verre transparent. Motifs satinés. Socle en bronze éclairant.
Longueur : 64 cm. Créé en 1930 et modifié spécialement en 1938 pour être offert par la Ville de Paris
aux Souverains Britanniques lors de leur visite. Signé R. LALIQUE. Collection Lalique.

"Caravelle" centrepiece. Clear glass.. Frosted motifs. Illuminating bronze base.
Length: 64 cm. Signed R. LALIQUE. Created in 1930. Modified and given by the City of Paris to King
George VI and Queen Elizabeth during the royal visit of 1938. Lalique collection.

Service de table et chandeliers à décor de mouettes. Verre transparent. Motifs satinés.
Modèle créé pour les Souverains Britanniques et offert par la Ville de Paris lors de leur visite en 1938.
Signés R. LALIQUE. Collection Lalique.

Dinner service and double candlestick decorated with sea gulls. Clear glass. Frosted motifs.
Model created for King George VI and Queen Elizabeth and given by the City of Paris during
the royal visit of 1938. Signed R. LALIQUE. Lalique collection.

Encrier "Biches" en verre noir. Côté : 15 cm. Créé en 1912. Signé R. LALIQUE FRANCE. Collection Lalique.

Ink well "Biches" (hinds). Black glass. Side: 15 cm. Created in 1912. Signed R. LALIQUE FRANCE. Lalique collection.

Motif décoratif "Oiseau de Feu". Plaque de verre transparent. Motif satiné. Socle en bronze
éclairant à motifs de papillons. Hauteur : 43 cm. Créé entre 1922-1924. Signé R. LALIQUE FRANCE. Collection Lalique.

*"Oiseaux de Feu" (Phenix). Colourless glass plate. Frosted motif. Illuminating bronze base
with butterfly motif. Height: 43 cm. Created c. 1922-1924. Signed R. LALIQUE FRANCE. Lalique collection.*

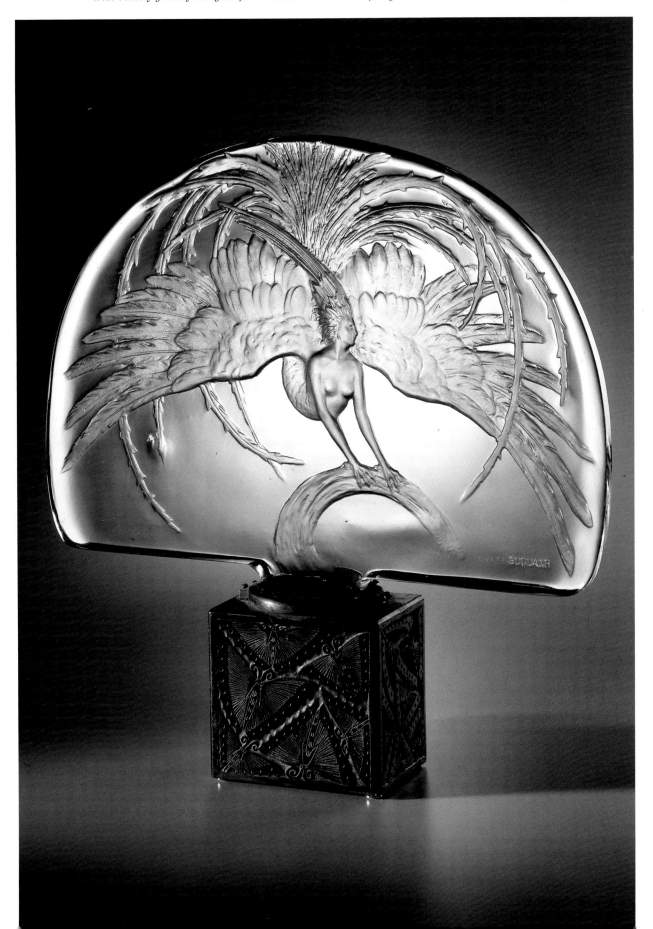

Calice. Motifs d'aiguilles et de pommes de pin. Argent et verre.
Hauteur : 19 cm. Créé entre 1900 et 1902. Signé LALIQUE.
Collection du Musée du Petit Palais, Paris.

Chalice. Motif of pine needles and cones. Silver and glass.
Height: 19 cm. Created c. 1900-1902. Signed LALIQUE.
Musée du Petit Palais, Paris.

Statuette de femme à la cire perdue. Verre patiné gris bleu.
Hauteur : 44 cm. Motif créé en 1910 pour une fontaine.
Signée R. LALIQUE. Collection Lalique.

Statuette of woman in lost vax. Grey blue patinated glass.
Height: 44 cm. Motif created for a fountain in 1910.
Signed R. LALIQUE. Lalique collection.

Statuette de femme dite : "La Grande Nue aux Longs Cheveux."
Verre incolore satiné. Socle de bois. Hauteur 41 cm.
Créée en 1923. Signée R. LALIQUE. Collection Lalique.

Statuette of a woman known as: "La Grande Nue aux Longs Cheveux."
(The tall long haired nude). Frosted colourless glass.
Wooden base. Height: 41 cm. Created in 1923. Signed R. LALIQUE.
Lalique collection.

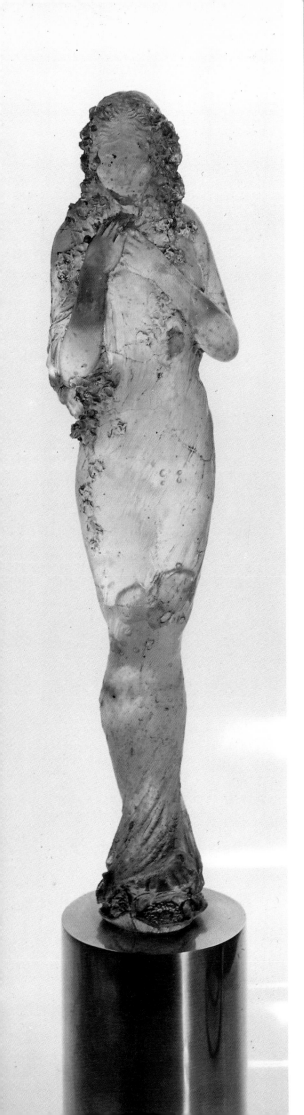

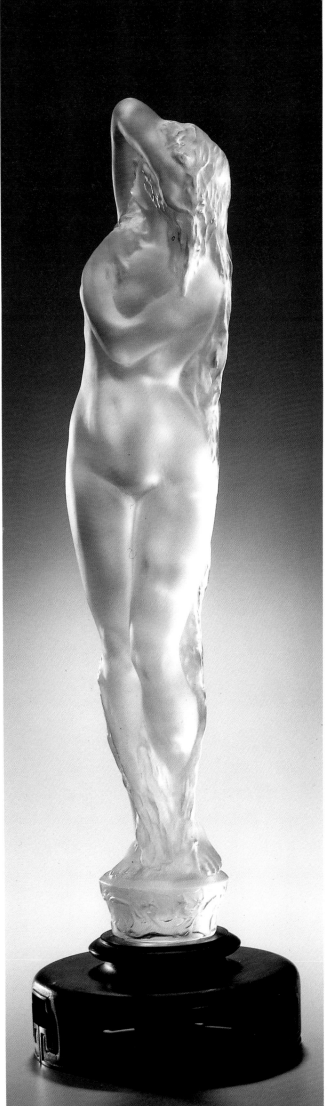

Vase à la cire perdue à motifs de noisettes et de feuillages.
Signé R. LALIQUE. Collection privée.
Photographie Neil Lorrimer

Lost wax vase with hasel-nut and leaf motifs.
Signed R. LALIQUE. Private collection.
Neil Lorrimer photograph

Vase "Serpent." Verre de couleur rouge. Hauteur : 21 cm. Créé en 1924. Signé R. LALIQUE. Christie's Genève.

"Serpent" vase. Red coloured glass. Height: 21 cm. Created in 1924. Signed R. LALIQUE. Christie's Geneva.

Vase à la cire perdue. Motifs de Phalènes. Hauteur : 11,5 cm.
Signé R. LALIQUE. Collection du Musée Calouste Gulbenkian, Lisbonne.

Vase in lost wax. Moth motifs. Height: 11.5 cm.
Signed R. LALIQUE. Calouste Gulbenkian Museum, Lisbon.

Vase à la cire perdue. Motifs de Feuilles de Rhubarbe. Hauteur : 19 cm.
Créé en 1912. Signé R. LALIQUE. Collection du Musée des Arts Décoratifs de Paris.

Vase in lost wax. Rhubard leaf motifs. Height: 19 cm. Created in 1912.
Signed R. LALIQUE. Musée des Arts Décoratifs, Paris.

Bouchon de radiateur "Victoire." Verre incolore satiné. Longueur : 25 cm. Créé en 1928.
Signé R. LALIQUE. Photographie Editions Graphiques/Academy Editions.

*"Victoire" (Victory) motor mascot. Frosted colourless glass. Length: 25 cm. Created in 1928.
Signed R. LALIQUE. Editions graphiques photograph/Academy Editions.*

Bouchon de radiateur "Tête de Paon." Verre de couleur bleue. Hauteur : 17,7 cm.
Créé en 1928. Signé R. LALIQUE. Photographie Editions Graphiques/Academy Editions.

*"Tête de Paon" (Peacock head) motor mascot. Blue glass. Height: 17,7 cm.
Created in 1928. Signed R. LALIQUE. Editions graphiques photograph/Academy Editions.*

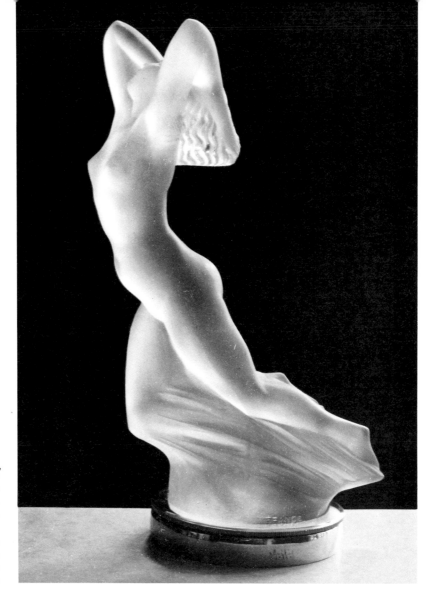

Bouchon de radiateur "Vitesse."
Verre incolore satiné. Hauteur : 18,5 cm.
Créé en 1929. Signé R. LALIQUE.
Collection Lalique.

"Vitesse" (speed) motor mascot.
Frosted colourless glass. Height: 18.5 cm.
Created in 1929. Signed R. LALIQUE.
Lalique collection.

Bouchon de radiateur "Comète." Verre transparent.
Longeur : 18,5 cm. Créé en 1925. Signé R. LALIQUE.

"Comète" motor mascot. Colourless glass.
Length: 18.5 cm. Created in 1925. Signed R. LALIQUE.

Bouchon de radiateur "Cinq Chevaux." Verre transparent. Longueur : 15 cm, hauteur : 12 cm.
Créé en 1925 à la demande d'André Citroën pour le lancement de sa 5 CV. Signé R. LALIQUE. Collection Lalique.

"Cinq Chevaux" (Five Horses) motor mascot. Clear glass. Length : 15 cm. Height : 12 cm.
Created in 1925 for André Citroën's 5 H.P. model. Signed R. LALIQUE. Lalique collection.

Vase à la cire perdue. Motifs de Perruches. Hauteur : 25 cm.
Signé R. LALIQUE. Collection du Musée Calouste Gulbenkian. Lisbonne.

Vase in lost wax. Budgerigar motifs. Height: 25 cm.
Signed R. LALIQUE. Calouste Gulbenkian Museum, Lisbon.

Pendulette à la cire perdue. Motifs de roses. Créée en 1920. Signée R. LALIQUE.

Small clock in lost wax. Rose motifs. Created in 1920. Signed R. LALIQUE.

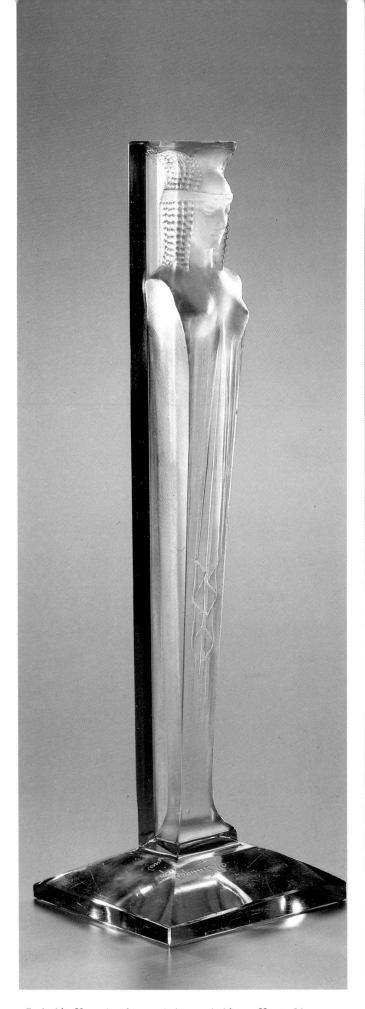

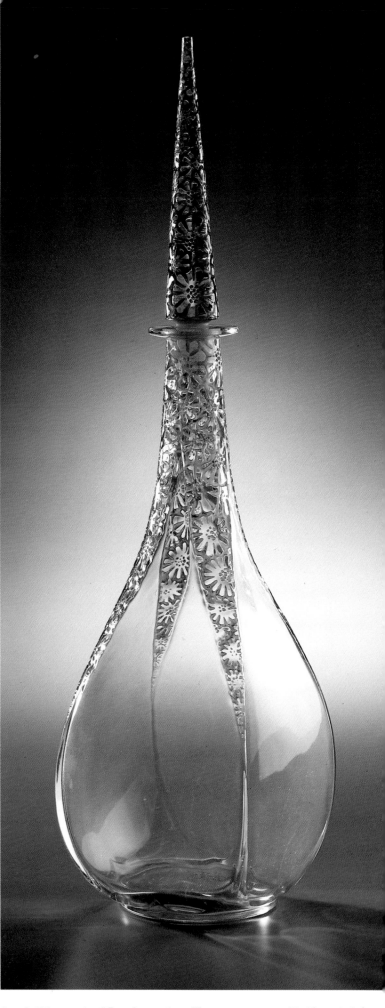

Cariatide. Verre incolore satiné et patiné brun. Haut.: 30 cm.
Créée en 1922. Signée R. LALIQUE FRANCE. Collection Lalique.

Caryatid. Frosted colourless glass, brown patina.
Height: 30 cm. Created in 1922. Signed R. LALIQUE FRANCE.
Lalique collection.

Carafe "Marguerites". Bouchon pointe. Verre transparent. Motifs patinés brun
Hauteur: 36 cm. Créée entre 1912-1914. Signée R. LALIQUE. Collection Lali

"Marguerites." (daisies) decanter. Pointed stopper. Clear glass. Brown
patinated motifs. Height: 36 cm. Created c. 1912-1914. Signed R. LALIQUE.
Lalique collection.

Vase "Lézards et Bleuets." Verre incolore satiné et patiné vert. Hauteur : 34 cm.
Créé avant 1914. Signé R. LALIQUE. Collection Lalique.

*"Lézards et Bleuets" (Lizards and Cornflowers) vase. Frosted colourless glass,
with green patina. Height: 34 cm. Created before 1914. Signed R. LALIQUE. Lalique collection.*

Veilleuse à motifs de Paons. Plaque de verre transparent. Motifs satinés. Le corps de la lampe est en verre opalescent. Créée en 1920-1922. Signée R. LALIQUE.

Night light with peacock motifs. Clear glass plate. Frosted motifs. Lamp-body in opalescent glass. Created c. 1920-1922. Signed R. LALIQUE.

Veilleuse à motifs de Pissenlit. Plaque de verre transparent. Motifs satinés. Le corps de la lampe est en bronze. Créée avant 1914. Signée R. LALIQUE.

Night light with dandelion motifs. Clear glass plate. Frosted motifs. Bronze lamp-body. Created before 1914. Signed R. LALIQUE.

Veilleuse à motifs de Pigeons et de Branchages. Plaque de verre transparent. Motifs satinés. Le corps de la lampe est en verre opalescent. Créée entre 1920-1922. Signée R. LALIQUE.

Night light with pigeon and branch motifs. Clear glass plate. Frosted motifs. Lamp-body in opalescent glass. Created c. 1920-1922. Signed R. LALIQUE.

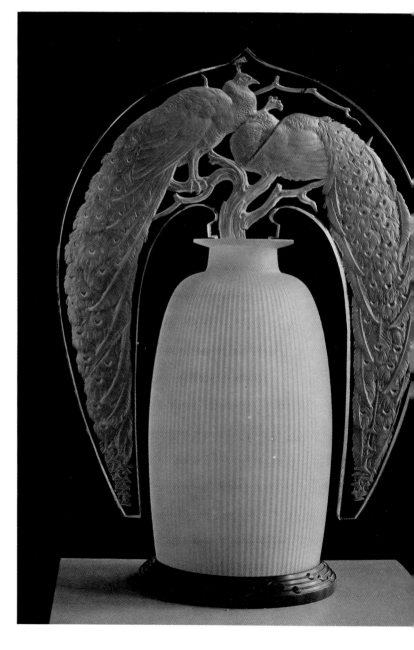

Vase à motifs de sauterelles. Verre patiné et émaillé gris bleu.
Hauteur : 28 cm. Créé en 1924. Signé R. LALIQUE. Collection privée.

Vase with grasshopper motif. Grey blue patinated and enamelled glass.
Height: 28 cm. Created in 1924. Signed R. LALIQUE. Private collection.

le parfum
perfume bottles

Premier flacon créé pour un parfum de Coty :
"l'Effleurt" en 1910. Verre incolore. Motifs patinés brun :
Silhouette de femme jaillissant d'une fleur sur le corps
du flacon. Insectes stylisés sur le bouchon.
Hauteur : 11 cm. Signé LALIQUE. Collection Lalique.

First perfume bottle created for a perfume of Coty:
"l'Effleurt" 1910. Colourless glass. Brown patinated motifs:
Female figure springing from flowers on bottle. Stylized insects on stopper.
Height: 11 cm. Signed LALIQUE. Lalique collection.

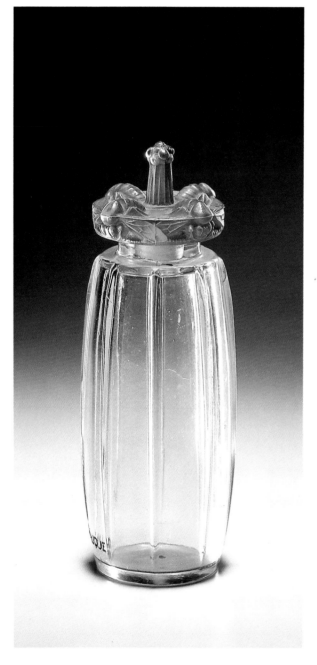 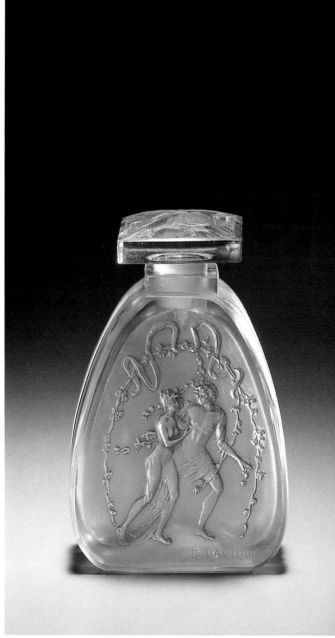

Flacon en verre transparent.
Bouchon orné de 4 motifs d'abeilles patinés brun.
Hauteur : 11 cm. Signé LALIQUE. Créé en 1913.
Collection Lalique.

Clear glass perfume bottle.
Stopper ornamented with 4 brown patinated bees.
Height: 11 cm. Signed LALIQUE. Created in 1913.
Lalique collection.

Flacon en verre satiné. Motif : couple d'amoureux
entourés de branchages fleuris, patiné ocre clair.
Hauteur : 9,5 cm. Signé LALIQUE. Créé en 1913.
Collection Lalique.

Frosted glass perfume bottle. Motif depicting two lovers
amidst flowery branches in light ochre patina.
Height: 9.5 cm. Signed LALIQUE. Created in 1913.
Lalique collection.

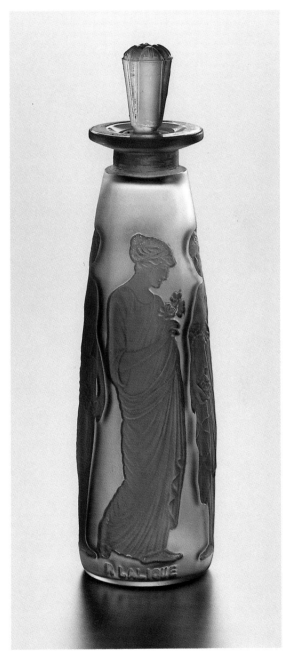

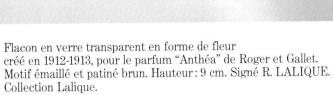

Flacon en verre transparent en forme de fleur
créé en 1912-1913, pour le parfum "Anthéa" de Roger et Gallet.
Motif émaillé et patiné brun. Hauteur : 9 cm. Signé R. LALIQUE.
Collection Lalique.

Flower shaped clear glass perfume bottle
created in 1912-1913 for the perfume "Anthéa" of Roger et Gallet.
Brown patinated enamel motif. Height: 9 cm. Signed R. LALIQUE.
Lalique collection.

Flacon en verre satiné créé en 1913
pour le parfum "Ambre Antique" de Coty.
4 motifs de femmes antiques
légèrement en relief patinés brun.
Hauteur : 15 cm. Signé R. LALIQUE. Collection Lalique.

Frosted glass perfume bottle created in 1913
for the perfume "Ambre Antique" of Coty.
4 motifs depicting four ancient classical
women in low brown patinated relief.
Heigth: 15 cm. Signed R. LALIQUE. Lalique collection.

Flacon "Amphytrite" en verre de couleur émeraude
en forme de coquillage. Statuette de femme en bouchon.
Hauteur: 9,5 cm. Créé en 1922. Signé R. LALIQUE.
Collection Lalique.

*"Amphytrite" perfume bottle. Emerald coloured glass.
Shell shaped. Statuette of woman on stopper.
Heigth: 9.5 cm. Created in 1922. Signed R. LALIQUE.
Lalique collection.*

Vaporisateurs en verre satiné, ornés de figurines en relief.
Hauteurs: 16 et 10 cm. Signés R. LALIQUE. Collection Lalique.

*Frosted glass vaporizers decorated with figurines in relief.
Heights: 16 and 10 cm. Signed R. LALIQUE. Lalique collection.*

con "Amélie" en verre de couleur émeraude
otifs de feuilles. Hauteur : 7,3 cm. Créé en 1927.
né R. LALIQUE. Collection Lalique.

nélie" perfume bottle.
erald coloured glass. Leaf motifs. Heigth: 7.3 cm. Créated in 1927.
gned R. LALIQUE. Lalique collection.

Flacon en verre transparent
à motifs de tulipes patinés brun.
Hauteur : 11 cm. Signé R. LALIQUE. Collection Lalique.

Clear glass perfume bottle
with brown patinated tulip motifs.
Height: 11 cm. Signed R. LALIQUE. Lalique collection.

Flacon en verre transparent créé avant 1914 pour le parfum "Leurs Ames" d'Orsay.
Sur le bouchon, motifs de femmes et de branchages fleuris en verre satiné.
Hauteur : 13 cm. Signé R. LALIQUE. Collection Lalique.

Clear glass perfume bottle created before 1914 for the perfume "Leurs Ames" of d'Orsay.
On the stopper motifs of women and flowery branches in frosted glass.
Height: 13 cm. Signed R. LALIQUE. Lalique collection.

Flacon en verre transparent. Bouchon " Grappe de Cassis " en verre de couleur bleue.
Hauteur : 11 cm. Créé avant 1914. Signé R. LALIQUE. Collection Lalique.

Clear glass perfume bottle. Cluster of blackcurrants in blue coloured glass as stopper.
Height: 11 cm. Created before 1914. Signed R. LALIQUE. Lalique collection.

Flacon "Clamart" en verre satiné à motifs de feuilles de charme
patinés gris vert. Hauteur: 11 cm. Créé en 1927. Signé R. LALIQUE.
Collection Lalique.

*"Clamart" perfume bottle. Frosted glass. Grey green patinated motifs
of hornbeam leaves. Height: 11 cm. Created in 1927. Signed R. LALIQUE.
Lalique collection.*

Flacon appelé "Gros Fruits" en verre transparent patiné et
émaillé gris entre les motifs de fruits en relief.
Hauteur: 23 cm. Créé avant 1914 pour Volnay. Signé R. LALIQU.
Collection Lalique.

*Perfume bottle known as "Gros Fruits" (Big Fruit) clear
glass. Grey patina and enamel between the fruit motifs
in relief. Height: 23 cm. Created before 1914 for Volnay.
Signed R. LALIQUE. Lalique collection.*

Flacon en verre jaune à motifs géométriques créé en 1926 pour Worth.
Hauteur : 16 cm. Signé R. LALIQUE. Collection Lalique.

ellow glass perfume bottle with geometrical motifs created
r Worth in 1926. Height: 16 cm. Signed R. LALIQUE. Lalique collection.

Flacon en verre transparent orné d'une perle
en verre fumé créé en 1922 pour le parfum
"La Perle Noire" de Forvil.
Hauteur : 11,5 cm. Signé R. LALIQUE. Collection Lalique.

Clear glass perfume bottle decorated with smoked
glass pearl. Created for "La Perle Noire" of Forvil in 1922.
Height: 11.5 cm. Signed R. LALIQUE. Lalique collection.

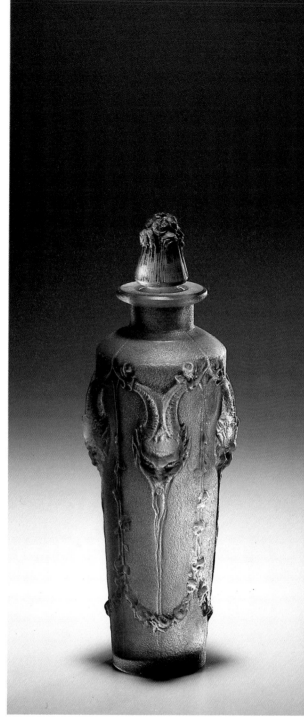

Flacon "Fougères". Verre transparent, motifs de fougères patinés vert. Sur chaque face, en médaillon de couleur verte, un buste de femme. Hauteur : 9 cm. Créé en 1913. Signé R. LALIQUE. Collection Lalique.

"Fougères" (fern) perfume bottle. Clear glass, green patinated fern motifs. On each side: female bust in green coloured medallion. Height: 9 cm. Created in 1913. Signed R. LALIQUE. Lalique collection.

Flacon "Pan" en verre satiné orné de 4 motifs de faunes et de guirlandes de fleurs patinés gris vert. Hauteur : 12,7 cm. Créé en 1914. Signé R. LALIQUE. Collection Lalique.

"Pan" perfume bottle. Frosted glass decorated with four grey green patinated motifs depicting fauns and flowers wreaths. Height: 12.7 cm. Created in 1914. Signed R. LALIQUE. Lalique collection.

Flacons en verre jaune orangé à motifs de tortues créés en 1920
pour le parfum "Morabito". Hauteurs : 22 cm, 14 cm et 11 cm.
Signés R. LALIQUE. Collection Lalique.

Bottles in orange yellow glass. Tortoise motifs.
Created for the perfume of "Morabito" in 1920.
Heights: 22 cm, 14 cm, 11 cm. Signed R. LALIQUE. Lalique collection.

Flacon en verre transparent, motifs émaillés noir. Bouchon flamme en verre satiné. Hauteur : 15 cm. Signé R. LALIQUE. Collection Lalique.

Clear glass perfume bottle. Black enamel motifs. Frosted glass flame shaped stopper. Height: 15 cm. Signed R. LALIQUE. Lalique collection.

Flacons en verre incolore à motifs de drapés satinés. Hauteur : 11 cm. Signés R. LALIQUE. Collection Lalique.

Perfume bottles in colourless glass. Frosted glass drapery motifs. Height: 11 cm. Signed R. LALIQUE. Lalique collection.

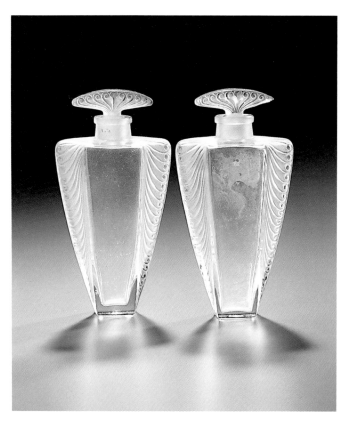

Flacons "Quatre Nœuds" en verre satiné à motifs émaillés noir.
Hauteurs : 19,5 cm et 9,5 cm. Créés en 1925. Signés R. LALIQUE. Collection Lalique.

"Quatre Nœuds" perfume bottles. Frosted glass with motifs in black enamel
Heights: 19.5 cm and 9.5 cm. Created in 1925. Signed R. LALIQUE. Lalique collection.

Flacon en verre transparent.
Une statuette de femme en verre patiné brun forme le bouchon.
Hauteur : 10 cm. Exceptionnellement signé LALIQUE.
Collection Lalique.

Clear glass perfume bottle.
The stopper is a brown patinated statuette of a woman.
Height: 10 cm. Exceptionally signed LALIQUE
Lalique collection.

Flacon cannelé en verre incolore satiné.
Bouchon à motifs de papillons.
Hauteur : 6 cm. Signé R. LALIQUE. Collection Lalique.

Grooved frosted glass perfume bottle.
Stopper decorated with butterflies.
Height: 6 cm. Signed R. LALIQUE. Lalique collection.

Flacons "Epines" en verre satiné à motifs de ronces patinés brun.
Hauteurs : 12 cm, 11 cm, 9,5 cm et 8,5 cm.
Signés R. LALIQUE. Collection Lalique.

"Epines" frosted glass perfume bottles. Brown patinated thorn motifs
Heights: 12 cm, 11 cm, 9.5 cm, 8.5 cm.
Signed R. LALIQUE. Lalique collection.

Flacon "Serpent" en verre transparent patiné gris bleu. Le flacon est constitué par le corps d'un serpent lové dont la tête forme le bouchon. Hauteur : 9 cm. Signé R. LALIQUE. Collection Lalique.

"Serpent" grey blue patinated clear glass perfume bottle. The bottle is a coiled snake whose head forms the stopper. Height: 9 cm. Signed R. LALIQUE. Lalique collection.

Flacon en verre bleuté satiné suggérant une fleur "butinée par une abeille-bouchon", créé en 1912 pour le parfum "Au Cœur des Calices" de Coty Hauteur : 7 cm. Signé R. LALIQUE. Collection Lalique.

Perfume bottle in blue frosted glass suggesting a flower with the "visiting bee stopper," created for "Au Cœur des Calices" of Coty in 1912. Height: 7 cm. Signed R. LALIQUE. Lalique collection.

Flacon "Pavot" en verre satiné formé par la corolle retournée de la fleur. Les pétales et le bouchon sont patinés gris bleu. Hauteur : 7 cm. Signé R. LALIQUE. Collection Lalique.

"Pavot" (poppy) frosted glass perfume bottle. The bottle is drooping poppy corolla. The petals and the stopper are grey blue patinated. Height: 7 cm. Signed R. LALIQUE. Lalique collection.

Aujourd'hui les œuvres de René Laliqu

Nowadays, the works of René Laliqu

ont présentées dans les Musées suivants :

un be seen in the following Museums :

Musée du Luxembourg	Paris	Rhode Island School of Design	Providence
Musée des Arts Décoratifs	Paris	Corning Museum	New York
Musée des Arts et Métiers	Paris	Art Institute Chicago	
Musée du Petit Palais	Paris	Los Angeles County Museum	
Musée des Arts de la Mode	Paris	Hallers Art Gallery	Baltimore
Musée Lyonnais des Arts Décoratifs	Lyon	Virginia Museum of Fine Arts	Richmond
Musée Lambinet	Versailles	Toledo Museum of Art	
Musée des Arts Décoratifs	Gand	Springfield Art Museum	
Danish Museum of Decorative Art	Copenhagen	Dallas Museum	
Musée des Arts Décoratifs	Genève	Dayton Art Museum	
Musée Océanographique	Monaco	Rulgers University Art Gallery	New Brunswick
Röhsska Kunstslöjd-Museet	Gothenburg	Minneapolis Museum of Fine Art	
Metropolitan Museum of Art	New York	Boston Museum of Fine Art	
Victoria and Albert Museum	London	City Museum of San Francisco	
Museum of Rotterdam		High Museum	Atlanta
Museums of Stockholm, Oslo		The Cleveland Museum of Art	
Museums of Hamburg, Berlin, Munich		National Museum of America History	
Museum of Leningrad		Smithsonian Institute	Washington
Musée de l'Horlogerie et de l'Émaillerie	Genève	Osterreichisches Museum für	
Musée Calouste Gulbenkian	Lisbonne	angewandte Kunst	Vienne
Museum of Durban		Schmuckmuseum	Pforzheim
Museum of Tokyo		Lalique Museum	Tokyo
Cooper Hedwitt Museum	New York	Musée Bellerive	Zurich
Chrysler Museum	New York		

Marc Lalique

At his father's death, Marc was 45 years old. For twenty years he has been his father's closest collaborator. He now faced the immense challenge of resuming production.

The factory had been badly damaged in the war and many years were mecessary before the name Lalique could once more claim its former rank in French art and industry. Such as his father had been, Marc revealed himself a talented creator and remarkable technician. Devotion to his work and tradition were of vital importance to him. With all his skill and competence and armed with a sound working knowledge of the secrets of glass, he formed his personnel and renewed the installations. His efforts were such that henceforth, crystal replaced glass. Quality improvements in the new matter were undoubtely his great success.

The beauty of the objects became inseparable from the effects of the new matter. Contrasts between transparence and frosted surface found their utmost expression in the purity of the crystal. This particular effect became known throughout the world and resulted in the name of Lalique being assimilated to a technique.

Techniques were a source of ravishement for Marc. In his workshops he loved to closely watch the various phases of production he knew down to the last detail. However, he did not turn a blind eye to creativity. His creations were prolific. Like his father had been at the turn of the century, he was at the crossroads of two periods and was well able to exploit this double cultural background.

The extravagance of pre-World Warr II society was over. The Art Déco style belonged to the past. The new taste, behind which lurked necessity, dictated sober if not plain simple lines. It was once again a time to adapt without losing out on identity and originality. Damage to the factory also signified the irretrievable loss of many of the pieces created over the years by René Lalique. Today's collection however numbers over one hundred of his creations. Marc was fortunate to preserve what was then essential, the "Lalique spirit". Nature remained one of the principal sources of inspiration. René Lalique's bestiary was continued. Among others, Marc created such new figures as the Tall Cock and the Horse's Head. Both still enjoy a great success in today's collection. If these animals became less detailed and more stylized in their composition, they nonetheless remained realistiy in their movements or attitudes. One here senses not only the creator's faculty of adaptation but also his sharp gift of observation.

Marc Lalique had inherited from his father a taste for the monumental and the technical challenges this represented. In 1951 at the Exhibition of the Art of Glass in Paris, the reemerging Lalique presented a crystal monumental chandelier with

Au décès de René Lalique, Marc, alors âgé de 45 ans, qui avait été pendant vingt ans le plus proche collaborateur de son père, eut l'immense tâche de remettre en route la production. A l'instar de René Lalique, son fils allait s'avérer créateur talentueux, technicien remarquable et chef d'entreprise avisé.

L'usine avait été fortement endommagée par la guerre. Il lui fallut plusieurs années de labeur acharné pour que Lalique retrouve sa place parmi les grandes Maisons Françaises. Habité par l'amour du métier et de la tradition, il mettra à profit ses qualités de technicien rompu à tous les caprices du verre pour former du personnel et rénover les installations. Il fit si bien qu'à partir de cette époque, le cristal remplaça définitivement le verre. L'amélioration de la qualité de la matière fut incontestablement l'une des réussites de Marc Lalique.

L'esthétique des objets devint alors intimement liée aux effets de cette nouvelle matière. Le contraste entre la transparence et le satiné trouvait son expression maximale dans la pureté du cristal. Cet effet particulier allait devenir célèbre dans le monde entier au point que le nom de Lalique serait souvent assimilé à une technique de fabrication.

Marc était passionné, pour ne pas dire fasciné par la technique. Il éprouvait un immense plaisir à se tenir dans les ateliers où il pouvait apprécier les diverses phases de la fabrication dont il connaissait parfaitement les moindres détails. Toutefois, il n'en oubliait pas pour autant la création. Ses œuvres nombreuses en témoignent. Comme son père, près d'un demi-siècle auparavant, il se trouva au carrefour de deux époques et il sut lui aussi exploiter ce double apport culturel.

La Seconde Guerre Mondiale avait mis un terme aux Années Folles et le style Art Déco faisait déjà partie du passé. En matière d'Art Décoratif, on jouait la sobriété, voir même la simplicité autant par nécessité que par goût. De nouveau, Lalique devait s'adapter sans pour autant perdre son identité et son originalité. Du fait des dégâts causés à l'usine par la guerre, une grande partie de la collection créée par René Lalique n'avait pas survécue. Cependant, la ligne actuelle compte encore plus d'une centaine de ses créations. A l'époque, Marc sut préserver l'essentiel : "l'esprit Lalique." La nature restera l'une des sources principales de son inspiration. Le bestiaire commencé par son père fut encore agrandi. Il créa entre autres, le grand Coq et la Tête de Cheval, pièces maîtresses de l'actuelle collection. Si ces animaux devinrent progressivement moins fouillés, plus stylisés, ils n'en demeurèrent pas moins très réalistes dans le mouvement ou l'attitude, démontrant ainsi non seulement la faculté d'adaptation du créateur mais aussi son don de l'observation.

Exposition de "l'Art du Verre" en 1951
au Pavillon de Marsan, Musée des Arts Décoratifs de Paris.
Marc Lalique avait créé pour la circonstance le lustre monumental
en cristal transparent à motifs géométriques et la table "Chêne"
au piètement composé d'éléments en cristal satiné sculptés de feuilles de chêne.

The "Art of glass Exhibition" held in 1951
at the Pavillon de Marsan, Musée des Arts Décoratifs, Paris.
Marc Lalique had created for the occasion the clear crystal monumental
chandelier with geometrical motifs and the "Chêne" (oak) table.
The two feet of this table were decorated with
frosted crystal motifs depicting oak leaves.

Flacons à parfum pour Nina Ricci.
Comme son père l'avait fait avant-guerre pour d'autres grands noms du parfum,
Marc Lalique allait, à partir de 1946, créer et fabriquer des flacons destinés à habiller les extraits de Nina Ricci.
Ainsi, apparaît "Cœur Joie", en 1946, dans un flacon en cristal satiné en forme de cœur.
"Fille d'Eve" sortira en 1952 dans une pomme de cristal lisse, satinée et pulpeuse.
"L'Air du Temps" né en 1948, dans un flacon au bouchon composé de deux gracieuses colombes au plumage satiné,
allait devenir l'une des plus célèbres créations de Marc Lalique.
Flacon "Cœur Joie". Hauteur : 15 cm. Flacon "Fille d'Eve". Hauteur : 13 cm.
Flacon "L'Air du Temps". Hauteur : 31 cm.
Signés LALIQUE FRANCE.

Perfume bottles for Nina Ricci.
Following his father's example in this field, Marc Lalique was to turn to the production of perfume bottles in 1946 for Nina Ricci.
"Cœur Joie" appeared in 1946 in a frosted heart-shaped bottle. "Fille d'Eve" came out in 1952 as a smooth frosted
and pulpy crystal apple. "L'Air du Temps" was born in 1948 in a bottle with two graceful frosted
doves on the stopper. It was to become one of Marc Lalique's most famous creations.
"Cœur Joie" bottle. Height: 15 cm. "Fille d'Eve" bottle. Height: 13 cm.
"L'Air du Temps" bottle. Height: 31 cm.
Signed LALIQUE FRANCE.

geometrical forms. This piece can today be seen in the Musée des Arts Décoratifs in Paris. At this exhibition, there also figured a table of imposing proportions. In the course of the same year, Marc created another table the "Cactus" model which is still commercialized today.

There was however a domain which exerciced a particular attraction on Marc Lalique: glassware for the dining table. He was prolific in his creations of driking glasses, many of which stille enjoy the same success over the years. The parison of the glass is generally very clear and brings out the rich ruby of the wine. The extremely fine crystal contributes to the taste. The decoration figures on the stem, frequently a motif sculptured in fristed crystal. Marc Lalique's most celebrated glass is his "Angel." The sculptured face at the basis of the parison is a true replica of a sculpture known as "The smiling Angel" which we can see at the cathedral of Rheims, the capital of Champagne.

Towards the sixties, Marc occasiionally abandoned nature and realism in ornementation. Fully exploiting the possibilities of crystal, the pieces he produced seemed as if hewn out of the ice and decorated with frost. Sometimes the composition is enhanced by an extremely stylized plant motif. We can observe, here too, this same faculty of the creator who can adapt his work to the taste of the day without sacrificing his style.

At the end of the war, most dress designers and perfume creators for whom René Lalique had designed perfume bottles no longer existed. Marc resumed this activity, but exclusively for Nina Ricci. "L'Air du Temps" with its tender and graceful doves created by Marc Lalique and known on all continents will no doubt be remembered as his most famous creation.

Marc Lalique avait hérité de son père le goût des pièces monumentales. Il appréciait au plus haut point la performance si ce n'est le défi technique qu'elles représentaient. Ainsi en 1951, à l'Exposition de l'Art du Verre à Paris, la cristallerie Lalique renaissante présenta un lustre monumental en cristal, aux formes géométriques. Ce lustre est aujourd'hui conservé au Musée des Arts Décoratifs de Paris. A cette exposition figurait également une table aux proportions imposantes. C'est cette même année 1951 que Marc créa une autre table, le modèle "Cactus," toujours commercialisée de nos jours.

Il est un domaine qu'il affectionnait particulièrement, celui de la verrerie de table. Le service de verres fut l'un de ses thèmes favoris et on lui doit plusieurs très beaux modèles toujours d'actualité. Elégance mais aussi et surtout originalité pourraient définir ses créations. La paraison du verre généralement très pure met en valeur la robe du vin et la grande finesse du cristal contribue au plaisir de la dégustation. C'est la jambe du verre qui portera le décor. On y trouvera souvent un motif sculpté en cristal satiné ou un motif gravé. Le modèle le plus célèbre de Marc Lalique reste le verre à Champagne "Ange." Le visage sculpté à la base de la paraison est la reproduction fidèle d'une sculpture dite de "l'Ange au Sourire" de la Cathédrale de Reims, capitale du Champagne.

A partir des années 60, Marc abandonna parfois le thème de la nature et le réalisme dans l'ornementation. Jouant essentiellement sur les effets de matière, il produisit des pièces qui semblaient être sculptées dans la glace et décorées de givre. Il n'était pas rare d'y distinguer la silhouette d'un végétal stylisé à l'extrême. Là encore, le créateur avait su s'adapter au goût d'une époque sans sacrifier son style.

Après la Guerre 1939-1945, la plupart des couturiers et parfumeurs pour lesquels René Lalique avait créé des flacons à parfum, n'existait plus. Marc reprit cette activité, mais exclusivement pour la Maison Nina Ricci. C'est ainsi que sa plus célèbre création demeurera sans doute le flacon de "l'Air du Temps" dont les tendres et gracieuses colombes se reconnaissent sur tous les continents.

Verre à champagne "Ange"
La verrerie de table est un domaine que Marc Lalique
affectionnait particulièrement. Son modèle le plus célèbre reste certainement le verre à champagne "Ange".
Le visage sculpté à la base de la paraison est la reproduction fidèle d'une sculpture dite de "l'Ange au Sourire"
que l'on peut voir sur l'un des portails de la cathédrale de Reims, capitale du champagne. La forme particulièrement bien étudiée
de ce verre lui valut de recevoir l'agrément officiel du Comité des Vins de Champagne.
Cristal transparent. Motif gravé et satiné. Hauteur : 20,5 cm. Créé en 1948.
Signé LALIQUE FRANCE.

"Angel" champagne glass.
Glassware for the table was given special attention by Marc Lalique.
His most famous creation in this field remains the "Angel" champagne glass. The sculpted face at the bottom of the parison
is that of the "Smiling Angel" which is to be seen on one of the portals of the cathedral of Rheims, the capital of Champagne.
The beauty of the glass was officially acknowledged by the Comité des Vins de Champagne.
Clear crystal. Frosted and engraved motif. Height: 20.5 cm. Created in 1948.
Signed LALIQUE FRANCE.

Service "Majorque."
Cristal transparent. Créé par Marc Lalique en 1970. Signé LALIQUE FRANCE.

"Majorque" glass set.
Transparent set. Created by Marc Lalique in 1970. Signed LALIQUE FRANCE.

Service "Roxane."
Cristal transparent. Motifs de femmes et de grappes de raisin satinés et repolis.
Créé par Marc et Marie-Claude Lalique en 1968. Signé LALIQUE FRANCE.

"Roxane" glass set.
Transparent crystal. Motif in frosted crystal depicting women and clusters of grapes.
Created by Marc and Marie-Claude Lalique in 1968. Signed LALIQUE FRANCE.

Motif "Coq".
On retrouve dans ce grand coq le goût de Marc Lalique
pour les œuvres de dimensions importantes ainsi que les caractéristiques de son style.
Le motif animalier est plus stylisé, moins fouillé qu'aux époques précédentes. Néanmoins, Marc Lalique
s'est attaché à traduire avec réalisme la personnalité du gallinacé qui, jabot gonflé et crête dressée,
incarne bien toute la fierté de cet animal, devenu le symbole gaulois.
Cristal transparent et satiné. Hauteur : 45 cm. Créé en 1953.
Signé LALIQUE FRANCE.

"Coq" motif (cockerel).
In this work can be sensed Marc Lalique's taste
for large size creations as well as the main characteristics of his style. The animal motif is more stylized and
in less detail than previous works. Nevertheless Marc Lalique renders with perfect realism the character
of this animal with its swelling self-importance and raised crest which is the symbol of France.
Clear and frosted crystal. Height: 45 cm. Created in 1953.
Signed LALIQUE FRANCE.

Coupe "Haïti".
Entre la fin de la guerre 39-45 et les années 60,
la couleur avait complètement disparu de la collection Lalique. Afin de réintroduire des éléments colorés
dans leurs créations, Marc et Marie-Claude mirent à l'étude de nouvelles techniques. Les recherches d'alliages de couleurs
eurent pour premier résultat la coupe "Haïti" ornée de coquillages dont la couleur rappelle les lagons bleus des mers chaudes.
Cristal bleu et transparent. Diamètre : 33 cm. Créée en 1957.
Signée LALIQUE FRANCE.

"Haïti" bowl.
The effects of colouring had since the end of the Second World War and up to the sixties been discarded in the Lalique collection.
Marc and Marie-Claude studied new techniques in view of a reverse
trend to return to colouring. The experiments of mixing colours led to the creation of the Haiti bowl.
The colour of the shells which ornament it is reminiscent of the blue lagoons of the Southern seas.
Clear and blue crystal. Diameter: 33 cm. Created in 1957.
Signed LALIQUE FRANCE.

Vase "Ingrid".
Marc Lalique voulait mettre en évidence la pureté du dessin
de certains végétaux. C'est en travaillant autour de ce thème
qu'il créa le vase "Ingrid" composé de quatre feuilles lisses et souples.
Ce vase est un parfait exemple des possibilités de nuances et
d'effets de matière offertes au créateur par le procédé de satinage du cristal.
Cristal satiné et repoli. Hauteur : 26,5 cm. Créé en 1970. Signé LALIQUE FRANCE.

"Ingrid" vase.
Marc Lalique wanted to render with utmost fidelity
the beauty of shape and design in a number of plants.
From this observation he created the "Ingrid" vase, composed of four smooth and delicate leaves.
This vase shows the possibilities in nuances and effects of matter offered by the frosting of the crystal.
Frosted and polished crystal. Height: 26.5 cm. Created in 1970.
Signed LALIQUE FRANCE.

Table "Cactus".
C'est pour un décor de vitrine représentant un aquarium
que Marc Lalique créa en 1951 une sorte de plante géante aux longues palmes transparentes
au milieu desquelles devaient évoluer des poissons de cristal. Devant le succès de ce décor, il eut l'idée
de poser sur ce motif une dalle de verre. La table ainsi créée fut appelée "Cactus",
son pied évoquant les formes si particulières des cactées. Cristal transparent.
Dalle de verre (diamètre : 1,60 m). Hauteur : 70 cm.
Créée en 1951. Signée LALIQUE FRANCE.

"Cactus" table.
In 1951 Marc Lalique created what seemed to be a gigantic plant
with long transparent palms for a make-believe aquarium window decoration with evolving around it crystal fish.
This original idea of decoration met with such a success that Marc Lalique decided to cover it with a glass plate.
The table thus created was named "cactus" after the evocative shapes of the cactus family.
Clear crystal. Glass plate (diameter 1.60 m). Height: 70 cm. Created in 1951.
Signed LALIQUE FRANCE.

Photographie Helmut Newton

Marie-Claude Lalique

Marc Lalique died in 1977. As he himself had been for many years his father's clo-sest collaborator, his daughter Marie-Claude too was to follow this tradition. Her creations in the collection have been most significant. For her too the "appeal of crystal" is as irresistible as family tradition.

Everything began when she was but a child. At an age when sensitivity transforms the most common discovery into something unforgetable, she would frequently fol-low her father through the workshops eagerly watching the various phases of pro-duction. The passion Marc felt for his work and which was truly catching natu-rally touched his young daughter. At a very early age she could fully grasp the emotion of the creator who sees under the watchful eye of the master glassmaker his creation taking shape. While watching the seemingly magical evolutions of the furnace she could sound out the mysteries of the working substance that the pro-fane cannot possibly fathom.

Despite such a promising start, the line of studies she followed led her to the Ecole Nationale Supérieure des Arts Décoratifs and towards another form of artistic creation: theatre decorations. She had however most probably been so impregnated by the family tradition that a mere incident was sufficient to reset her on an already beaten track. One day in the early sixties, Marc who was overburdened with work asked his daughter to draw him some doves. It was for Marie-Claude Lalique the renewal with nature, the principal source of inspiration for already three generations. Having brought home a dove purchased at Quai de la Mégisse-rie, the Paris pet market, she made a "live model" from it. From her study were created three crystal doves. Charis, Auxo and Clita. "When one begins to love this work" her father had told her "one can no longer live without it". Marie-Claude needed no more prompting and turning away from her theatre scenery, she began to collaborate with her father.

However, true to family tradition, she could not shut herself off from a wider crea-tion and not surprisingly jewellery caught her attention. Faithful to her grandfa-ther's theory that the beauty of an object is as much the quality of outline and draughtsmanship than the richness of the material used, she created jewels of very elaborate and even sophisticated design which she embellished with semi-precious stones and enamels.

René Lalique would draw his models. His granddaughter sculpts hers, working with plastiline, a kind of plasticine. The depicting of forms in three dimensions had however led her in the early seventies to the creation of abstract sculptures associating the strange shapes of a hardened molten metal with magnificently coloured chunks of crystal evoking crude natural gems being unearthed.

Lorsque Marc Lalique décède en 1977, sa fille Marie-Claude travaille à ses côtés depuis plusieurs années, refaisant auprès de lui l'itinéraire qu'il avait fait autrefois auprès de son père. La collection compte déjà beaucoup de ses créations. Elle non plus n'a pas su résister à "l'appel du cristal," ni à la tradition familiale.

Tout a commencé alors qu'elle n'était encore qu'une enfant. A un âge où la sensibilité trai sforme toute découverte en aventure inoubliable, elle suivait son père dans les ateliers et assistait de nombreuses fois aux diverses étapes de la fabrication. La passion que Marc manifestait pour son métier et qu'il faisait partager à tous ceux qui l'approchaient marquera la jeunesse de sa fille. Ainsi, eut-elle la chance de connaître très tôt l'émotion du créateur qui voit son œuvre prendre forme grâce à l'habileté du maître verrier. Par le spectacle fascinant et presque magique du travail au four, elle put se familiariser avec la matière elle-même dont les ressources et la malléabilité sont insoupçonnées du profane. Malgré ce contexte particulièrement motivant, elle orienta pourtant ses études à l'Ecole Nationale Supérieure des Arts Décoratifs vers une autre forme d'expression artistique : le décor de théâtre. Mais sans doute était-elle assez imprégnée de tradition familiale pour qu'un incident fortuit suffise à réveiller sa vocation. Un jour, au début des années 60, Marc surchargé de travail demanda à sa fille de lui dessiner des colombes. Marie-Claude retrouva alors les habitudes naturalistes chères à son grand-père et à son père. Ramenant chez elle une colombe achetée quai de la Mégisserie, elle la "modela sur le vif." De ces études devaient naître trois colombes de cristal baptisées Charis, Auxo et Clita. Son père lui avait dit : "Lorsque l'on commence à aimer ce métier, on ne peut plus s'en passer." Marie-Claude fut en effet définitivement conquise et oubliant les décors de théâtre, devint tout naturellement la collaboratrice de son père.

Toutefois, en digne petite-fille de René Lalique, elle ne renonça pas pour autant à élargir son champ de création. Elle fut tentée, elle aussi, par l'aventure du bijou. En complet accord avec la théorie de son grand-père voulant que la beauté d'un objet tienne autant à la qualité des formes et du dessin qu'à la richesse de la matière, elle créa des bijoux aux lignes très recherchées, voire sophistiquées qu'elle ornait de pierres semi-précieuses et d'émaux.

René Lalique dessinait ses modèles. Sa petite-fille sculpte les siens, travaillant directement sur plastiline, sorte de pâte à modeler. Le travail des formes en trois dimensions l'avait d'ailleurs conduite au début des années 70 à créer des sculptures abstraites associant les formes étranges d'un métal fondu et durci à de somptueux morceaux de cristal de couleur évoquant des gemmes à l'état brut que l'on aurait arrachées à la roche.

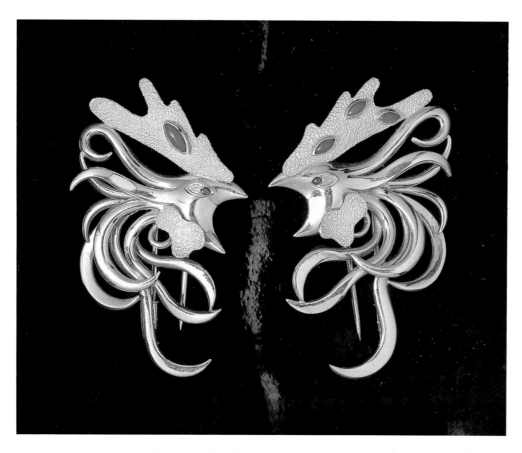

Deux broches "Coq."
Or mat et brillant, corail.
Hauteur : 6 cm. Créées en 1968.
Signées Marie-Claude LALIQUE.
Collection Lalique.

Two "Coq" (cock) brooches.
Mat and brillant gold, coral.
Height : 6 cm. Created in 1968.
Signed Marie-Claude LALIQUE.
Lalique collection.

Pendentif "Cœur."
Or et rubis cabochons.
Longueur : 8 cm. Créé en 1968.
Signé Marie-Claude LALIQUE.
Collection Lalique.

"Cœur" (heart) pendant.
Gold, ruby cabochons.
Length : 8 cm. Created in 1968.
Signed Marie-Claude LALIQUE.
Lalique collection.

Collier "Algues." Or. Diamètre : 17 cm. Créé en 1968. Signé Marie-Claude LALIQUE.
Collection Lalique.

"Algues" (seaweed) necklace. Gold. Diameter : 17 cm. Created in 1968. Signed Marie-Claude LALIQUE.
Lalique collection.

Broche "Mélusine." Or, brillants, émeraudes cabochons et navettes.
Largeur : 10 cm. Créée en 1968. Signée Marie-Claude LALIQUE. Collection Lalique.

"Mélusine" brooch. Gold, diamonds, emeralds cabochons and marquises.
Width : 10 cm. Created in 1968. Signed Marie-Claude LALIQUE. Lalique collection.

Collier "Feuilles de Lierre." Or, émail et perles. Diamètre : 19 cm.
Créé en 1968. Signé Marie-Claude LALIQUE. Collection Lalique.

"Feuilles de Lierre" (ivy leaves) necklace. Gold, enamel, pearls.
Diameter : 19 cm. Created in 1968. Signed Marie-Claude LALIQUE. Lalique collection.

190

Sculpture composée de métal et de cristal coloré.
Créée en 1970. Signée Marie-Claude LALIQUE. Collection Lalique.

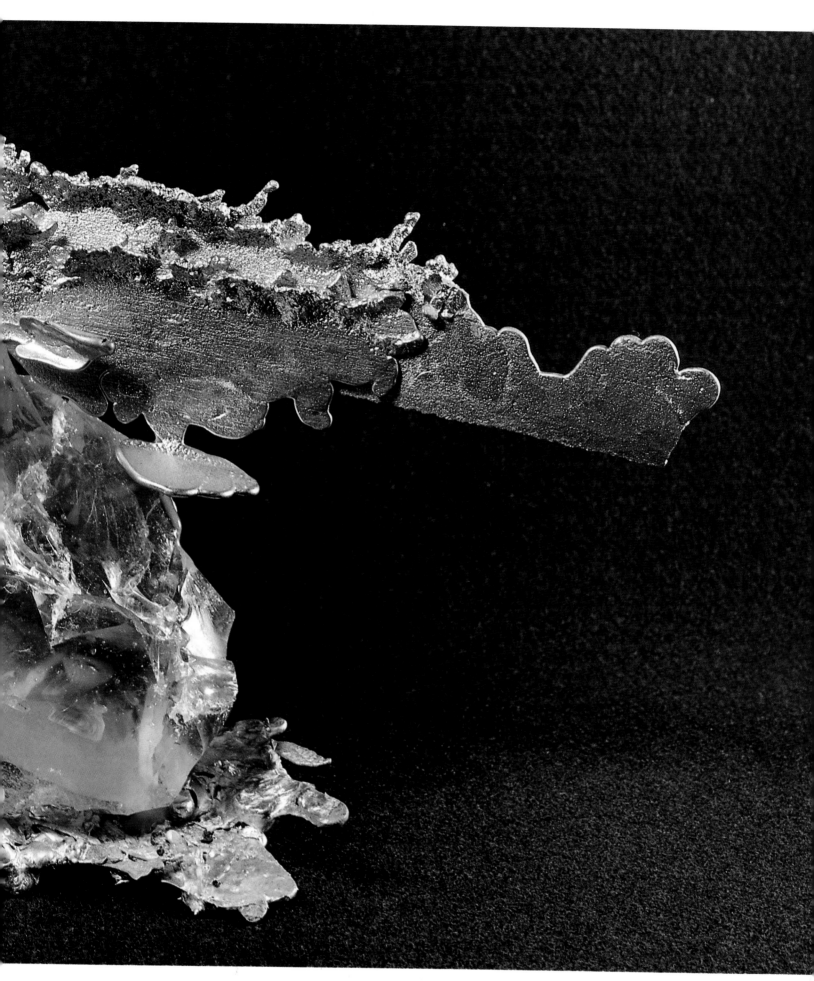

Metal and coloured crystal sculpture.
Created in 1970. Signed Marie-Claude LALIQUE. Lalique collection.

Despite these parallel activities, her main objective is none other than the continuation of the work of her granfather and father. The name Lalique is immediately associated to its style of subtle round lines, its contrasts of frosted and translucent crystal, its inspiration coming from nature. It is these characteristics which the public not only seeks, but also demands. Since she became president of Lalique in 1977 and sole creator, Marie-Claude has never been more aware than today that tradition is fundamental. However, tradition must not exclude innovations and Marie-Claude cannot afford to disregard creative fashions and trends of the present day. Her creations could be defined as an interblending of tradition and spirit of renewal.

This Lalique tradition is maintained by the love of nature and is handed down from one generation to another. It is by the Mediterranean shores, in Provence where she mostly resides that Marie-Claude finds the ideal setting for her inspiration. A sudden discovery or a fleeting vision are sufficient to stimulate the forces of imagination and creation. Some hastily assembled undulating leaves and we have one of her latest vases "Noailles". The vase "Martinets" may well have originated from a school of migrating swifts fleeing winter. By a whim of nature there sprang in her Provençal garden a sprig of hops. The singular grace of this plant prompted her to adorn it onto a beer mug especially created for a group of Japanese collectors.

Since her three doves Marie-Claude has continued to enrich the Lalique bestiary. Fascinated by the grace and strength of felines, she created in 1981 "Zeila" a panther ready to pounce. Today we have another big cat. He was spotted during a photo safary in Africa and bears the name of "Bamara" meaning lion in a West african dialect. Marie-Claude venerates cats for their pride and independence and just like the author Colette, finds delight in their company. As a hommage to the cat family, her provincal villa is named "Bastet" after the Egyptian goddess who took on the appearance of a cat when visiting mortals.

Sometimes Marie-Claude will go searching for creative light and inspiration in other latitudes. Egypt with its past civilizations was the direct inspiration for a number of creations: a ram's head, that of Khnum, the sacred guardian of the temple of Luxor; the vase "Esna" dating back to a ptolemaic column discovered on the banks of the Nile; drinking vessels and a decanter ornamented with stylized scarabs as those we can see on the funeral jewellery of the pharaohs. The sacred crocodile watching over the temple of Kom Ombo Sobek has become a book prop. Two crocodiles, as if emerging from a fresco, face each other upon their blocks of transparent crystal in their reptiline immobility.

Malgré ses recherches parallèles, son objectif principal n'en demeurera pas moins la poursuite de l'œuvre entreprise par son grand-père et son père. Un Lalique se reconnaît immédiatement à son style : des lignes souples et arrondies, le contraste du cristal translucide et du cristal satiné et une inspiration essentiellement naturaliste. Ces caractéristiques sont aujourd'hui un signe de reconnaissance non seulement apprécié mais exigé du public. Depuis qu'elle est devenue en 1977 P.D.G. de la Société et seul créateur, Marie-Claude a plus que jamais conscience que pour Lalique la tradition reste un atout. Mais perpétuer l'esprit, c'est aussi être novateur. Marie-Claude ne saurait donc ignorer les modes et les courants créatifs propres à son époque. Dès lors, réaliser le mariage de la tradition et du renouveau pourrait être la définition de son œuvre.

Pour l'aider à maintenir la tradition, Marie-Claude a reçu en héritage cette sensibilité face à la nature qui a permis aux Lalique, depuis trois générations, de si bien l'appréhender et la traduire. C'est en Provence, où elle réside une grande partie de l'année que Marie-Claude a trouvé le cadre favorisant son inspiration. Une découverte fortuite ou une vision passagère sera souvent à l'origine d'une création. Ainsi, d'un bouquet de feuillages légers et ondoyants a jailli l'un de ses derniers vases baptisé "Noailles." L'envol groupé des oiseaux migrateurs fuyant l'hiver lui aurait-il inspiré le vase "Martinets" ? Un caprice de la nature fit pousser dans son jardin provençal un pied de houblon. Séduite par la grâce de ce végétal, elle décida d'en orner une chope de bière spécialement créée pour les membres d'un club de collectionneurs japonais.

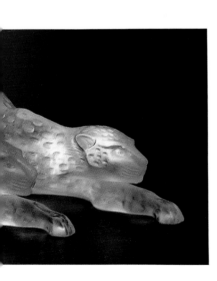

Depuis les premières colombes, Marie-Claude continue d'enrichir le bestiaire Lalique. Passionnée par les félins dont la force gracieuse la fascine, elle créa en 1981 "Zeila," une élégante panthère de cristal saisie en plein affût. Aujourd'hui, un nouveau fauve voit le jour, un lion, dont elle a su exprimer toute la majestueuse puissance. Souvenir d'un safari-photos en Afrique, il porte le nom de "Bamara" qui veut dire lion dans un dialecte d'Afrique orientale. La fierté et l'indépendance du félin, elle les retrouve chez le chat dont elle affectionne la compagnie, à l'instar de l'écrivain Colette. En hommage à la race féline, elle a baptisé son mas "Bastet" du nom d'une déesse de l'Egypte ancienne qui, pour visiter les humains, prenait l'apparence d'une chatte.

Abandonnant parfois la Provence et sa précieuse lumière, Marie-Claude part sous d'autres cieux enrichir son inspiration et élargir ses possibilités créatives. En Egypte, les témoignages artistiques des civilisations anciennes lui ont inspiré plusieurs créations : une tête de bélier, celle du bélier sacré Khnoum gardien du Temple de Louxor, le vase "Esna" empruntant ses lignes élégantes à un

A shell spotted on a Greek beach incited the creation of the vase "Santorin". The twisted forms of the bread tree in the West Indies were the direct inspiration behind the "Barbade" bowl.

What was still lacking in the bestiary was the dog. The model was her father's last faithful four-legged companion. Its slender and noble features are worthy of its great name "Perceval" one of the boldest knights searching for the Holy Grail.

The incomparable success of the Laliques has been the incontestable proof that glass and crystal, erroneously reputed as cold, could lend such living and expressive forms to the creative genius of three generations. The process of creating a frosty surface gives the artist a wide range of shades and colour possibilities. Capturing light and shade like a true colour, it gives relief to sculpture. It also creates effects of matter, perceptibly restituting to the mineral its roughness, to a plant its downy nature, to the skin its softness. If movement can also be suggested, then the object becomes positively alive. Most gifted in this speciality, Marie-Claude possesses the very science of movement. Plant and animal motifs adorning her creations seem true snapshots. It is likewise the movement or perhaps its suggestion which we can admire on the bottle of "Nina", the latest perfume of Nina Ricci. When some time ago she was asked by Robert Ricci what the name Nina evoked to her, she answered "drapery". The round transparent bottle of "Nina" designed and created by her was just that, crystal drapery enhanced with the satiny effects of the frosted surface.

Behind the works of Marie-Claude we find movement and also colour. René Lalique's use of colours whether in the mass or as a patina was not overbright but somewhat milky, hence an erroneous reference to it as glass paste.

Marie-Claude's use of colours is brighter, enhanced by a quality of the matter giving it the nature of semi-precious stones. These elements of colour associated to the sheen of transparent crystal give these creations of the nineteen-seventies an astonishing splendour. The technical difficulties involved in their creation and beauty make these objects created by the hand of Marie-Claude Lalique truly beautiful pieces. Such objects of beauty will always be cherished by the true connoisseurs.

The name Lalique has an eminent rank in the history of French Decorative Arts. If the Lalique Family's spirit has been the principal cause of its success and prestige, the substance that goes into its creations has no doubt played an important role.

The seeming fragility and the clearness of the crystal evoke purity to the public eye. For many an amateur, acquiring an object in crystal is the absolute quest for

chapiteau de colonne de temple ptolémaïque découvert au bord du Nil, des gobelets et une carafe ornés de scarabées stylisés tels qu'on peut les voir sur les joyaux provenant des tombeaux pharaoniques. De sa rencontre avec Sobek, le crocodile sacré du temple de Kom Ombo devait naître un serre-livres : chacun sur un bloc de cristal ransparent, deux crocodiles semblant sortis d'une fresque antique se font face dans l'immobilité feinte du reptile.

Un coquillage aperçu sur une plage grecque fut à l'origine du vase "Santorin" tandis que les formes tourmentées de l'arbre à pain aux Antilles lui inspirèrent la coupe "Barbade."

Pour créer le chien Lalique qui manquait encore à son bestiaire de cristal, elle s'inspira du dernier fidèle compagnon de son père. Les lignes si pures et si nobles de ce lévrier lui valent sans doute de porter le nom de l'un des plus valeureux chevaliers du Graal : "Perceval."

L'esprit créatif de Marie-Claude est servi par une matière réputée à tort froide. Le talent des Lalique fut incontestablement de démontrer combien le verre et le cristal peuvent être des matières vivantes et expressives. Le procédé de satinage offre à l'artiste de multiples possibilités de nuances, de contrastes et de dégradés. Jouant avec l'ombre et la lumière, comme une véritable couleur, il donne du relief à la sculpture. Mais il permet aussi d'obtenir des effets de matière restituant, à l'œil comme au toucher, la rugosité d'un minéral, le duveté d'un végétal ou le satiné de la peau. Si de plus, le créateur sait suggérer le mouvement, l'objet devient tout à fait vivant. C'est là l'une des qualités de Marie-Claude douée d'une véritable science du mouvement. Les motifs végétaux ou animaliers qui ornent ses œuvres ressemblent à des instantanés. C'est encore le mouvement ou plutôt sa suggestion que l'on retrouve dans le flacon de "Nina," le dernier parfum de Nina Ricci. Lorsqu'il y a quelque temps Robert Ricci lui demanda ce qu'évoquait pour elle le prénom de Nina, elle répondit : "un drapé" et c'est bien d'un drapé de cristal aux plis satinés qu'elle habilla le flacon transparent et rond de "Nina."

L'œuvre de Marie-Claude, c'est le mouvement mais c'est également la couleur. René Lalique utilisa lui aussi des couleurs, mais que ce soit dans la masse ou en patine, elles restèrent sourdes parfois laiteuses au point que l'on parlât à tort de pâte de verre. Au contraire, les couleurs utilisées par Marie-Claude sont franches, pures, avivées par la qualité de la matière qui prend alors l'aspect de pierres semi-précieuses. Ces éléments de couleur associés à l'éclat du cristal transparent, donnent à ces créations des années 70 une étonnante somptuosité. Leur difficulté technique et leur beauté en font des œuvres rares fort appréciées des collectionneurs avertis.

Flacon "NINA".
Flacon en cristal transparent à motifs en relief satinés, créé en 1984 pour "Nina" le parfum de Nina Ricci sorti le 25 janvier 1987. Le prénom de cette grande dame de la couture inspira à Marie-Claude Lalique un drapé de cristal aux plis satinés évoquant la féminité du parfum qu'il enveloppe. Hauteur : 27,5 cm.
Signé LALIQUE FRANCE.

"NINA" perfume bottle.
Perfume bottle in clear crystal with frosted motifs in relief. Created in 1984 for "Nina," the perfume of Nina Ricci which came out the 25 January 1987. The Christian name of this great lady in haute couture inspired Marie-Claude to design this work of crystal drapery and frosted folds. It is highly evocative of the inclosed feminine fragrance.
Height: 27.5 cm.
Signéd LALIQUE FRANCE.

Vase "Marrakech".
Dans une palmeraie au Maroc, Marie-Claude Lalique remarqua la beauté des motifs que dessine naturellement la tresse du palmier. C'est ainsi qu'on en retrouve l'évocation dans le décor du vase "Marrakech". Avec sa couleur rappelant les terres brûlées des pays chauds, cette pièce est l'une des plus belles réalisations techniques et artistiques de la collection Lalique.
Cristal transparent et coloré. Hauteur : 29 cm. Créé en 1978.
Signé LALIQUE FRANCE.

"Marrakech" vase.
In a palm grove in Morocco Marie-Claude Lalique wondered at the beauties afforded to the eye by the plait effect of fallen palm leaves. This natural beauty was to be rendered in this "Marrakech" vase. Its colour evokes the parched lands of hot countries. It ranks in the Lalique collection as a singular example of technical ability and artistic skill.
Clear and coloured crystal. Height: 29 cm. Created in 1978.
Signed LALIQUE FRANCE.

*beauty. Yet, for many of us, crystal is the child of mysterious techniques and alche-
mistry. Its very aura seems to spring from the fire which created it.*

*The fascination the public feels for crystal inevitably casts a halo onto the creator.
And has not Marie-Claude been called "magician" of crystal? Indeed, with such a
creative substance, one can no longer talk in terms of work but all the more so in
terms of adventure. It is no doubt for that reason also that the name Lalique still
enjoys its position in the history of Decorative Arts. No important cultural event
could today be conceived without Lalique in this sphere of creation. More and
more today, writers, journalists, artists, decorators and organisors most eagerly
seek to associate the name of Lalique to their creativity as if it could bestow beauty
and quality.*

*Lalique can justly consider itself worthy of such attention. With the celebration in
October 1986 of its fifty years of activity at Rue Royale, Lalique has turned another
page in its history. If our story now reaches its end, the creative spirit of Lalique
goes on. This spirit is always there, along with its creativity and dynamism which
will continue to astonish and seduce.*

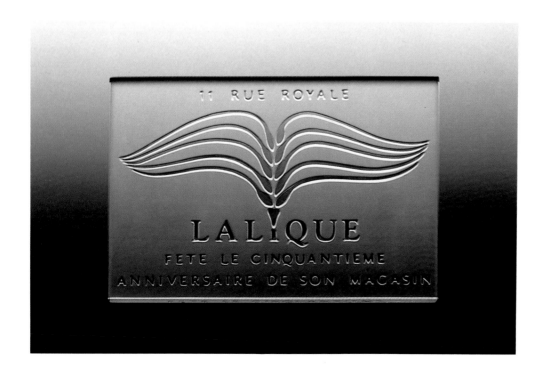

Lalique tient une place de tout premier plan dans l'histoire des Arts Décoratifs Français. Si l'esprit de cette grande maison est la cause première de son succès et de son prestige, la matière qu'elle traite n'y est sans doute pas étrangère.

L'apparente fragilité et la transparence du cristal restituent aux yeux du public le concept de pureté. A tel point qu'acquérir un objet en cristal serait une recherche d'absolu pour beaucoup d'amateurs. Et pourtant, le cristal ne demeure-t-il pas pour le profane le produit de techniques secrètes presque aussi mystérieuses que l'alchimie. Le feu dont il est issu contribue à sublimer son aura.

La fascination qu'exerce la matière sur le public rejaillit tout naturellement sur le créateur. N'a-t-on pas dit de Marie-Claude qu'elle était une "magicienne" du cristal! En effet, avec une telle matière, on ne peut plus parler de métier mais plutôt d'aventure qu'elle vit avec passion. C'est probablement pour cela que Lalique continue de s'inscrire dans l'histoire des Arts Décoratifs comme un leader. La plupart des manifestations culturelles importantes touchant à ce domaine ne saurait avoir lieu aujourd'hui sans sa présence. De plus en plus nombreux sont les écrivains, journalistes, artistes, décorateurs ou organisateurs qui désirent associer le nom de Lalique à leurs travaux ou aux événements qu'ils créent comme une caution de beau et de qualité.

Lalique met tout en œuvre pour répondre à cette attente et être digne de cette admiration. En fêtant au mois d'octobre 1986 le Cinquantenaire de l'installation de sa boutique rue Royale, la grande cristallerie française a tourné l'une des nombreuses pages de son histoire. Si ce récit prend fin sur cet événement, la vie de Lalique n'en continue pas moins. Son esprit toujours présent, sa force créative et son dynamisme n'ont pas fini d'étonner et de séduire.

Plaquette en cristal satiné, éditée en 1986 en nombre limité, à l'occasion du cinquantième anniversaire de l'installation de la boutique Lalique au 11 rue Royale à Paris. Marie-Claude Lalique a choisi de l'orner d'un épi de blé stylisé, symbole du jubilé. Le graphisme et les caractères sont en relief. 13 x 8,5 cm. Signée M.-C. LALIQUE.

Plaquette in frosted crystal issued in 1986 in limited quantities to commemorate the fiftieth anniversy of the Lalique shop at 11 rue Royale, Paris. Marie-Claude adorned this plaquette with a stylized ear of corn symbolizing the jubilee. The lettering and decoration are in relief. 13 x 8.5 cm.
Signed M.-C. LALIQUE.

Photographie Helmut Newton

René Lalique dessinait ses modèles. Sa petite fille sculpte les siens, travaillant directement sur plastiline, sorte de pâte à modeler. On la voit ici dans son atelier parachevant le modelé d'un lion entré dans le bestiaire Lalique en 1987. Elle a su mettre en valeur l'une des caractéristiques du Roi des Animaux : une majesté sereine.
Le procédé de satinage permet de suggérer la musculature puissante de l'animal.
C'est parce qu'en dialecte d'Afrique Orientale, "Bamara" veut dire lion que Marie-Claude a ainsi baptisé sa sculpture.

René Lalique would draw his models. His granddaughter sculpts hers working with plastiline, a kind of plasticine.
Marie-Claude is here in her workshop giving the finishing touches to a lion destined to the Lalique bestiary in 1987.
The characteristics of the King of Beasts speak for themselves and denote calm might.
The frosted surface enables to bring out the powerful muscles of the beast.
In an East African dialect "Bamara" means lion - the name Marie-Claude could only but choose for her creation.

Motif "Bamara."
Cristal satiné et repoli. Hauteur : 20 cm. Créé en 1987.
Signé LALIQUE FRANCE.

"Bamara" motif.
Frosted and polished crystal. Height: 20 cm. Created in 1987.
Signed LALIQUE FRANCE.

Vase "GARANCE."
"Les Enfants du Paradis" de Marcel Carné demeure le film préféré de Marie-Claude Lalique.
La merveilleuse interprétation du personnage de Garance par Arletti, à qui elle voue une grande admiration lui inspira
un vase aux lignes très pures. Elle le baptisa "Garance" en hommage au talent et à la beauté de l'actrice.
Cristal transparent. Motif de végétal satiné et repoli. Hauteur : 22,5 cm. Créé en 1981.
Signé LALIQUE FRANCE.

"GARANCE" vase.
"Les Enfants du Paradis" (Children of Paradise) by Marcel Carné is Marie-Claude Lalique's favourite film.
The actress Arletti made a splendid performance in the role of Garance and was much admired by Marie-Claude who was inspired
to create a vase of a very pure conception. She therefore named her vase "Garance."
Clear crystal with frosted and polished vegetation motif. Height: 22.5 cm. Created in 1981.
Signed LALIQUE FRANCE.

Motif "PERCEVAL"(Lévrier).
Pour créer le chien Lalique qui manquait encore à son bestiaire de cristal,
Marie-Claude s'inspira du dernier fidèle compagnon de son père. Les lignes si pures et si nobles de ce lévrier
lui valent sans doute de porter le nom de l'un des plus valeureux chevaliers du Graal : "Perceval".
Cristal satiné et repoli. Hauteur : 20,5 cm. Longueur : 26,5 cm. Créé en 1987.
Signé LALIQUE FRANCE.

"PERCEVAL" motif (Greyhound).
What was still lacking in the bestiary was the dog.
The model was her father's last faithful four legged companion. Its slender and noble features are worthy
of its great name "Perceval" – one of the boldest knights searching for the Holy Grail.
Frosted and polished crystal. Height: 20.5 cm. Length: 26.5 cm. Created in 1987.
Signed LALIQUE FRANCE.

Vase "GRANDS DUCS".
En tant qu'artiste naturaliste comme le furent son père et son grand-père, Marie-Claude Lalique aime les animaux.
Certains même la passionnent. C'est le cas du hibou dont la tête aux grands yeux étonnés lui est un excellent sujet de réflexion créatrice.
Dans le vase "Grands Ducs", Marie-Claude a mis en évidence la personnalité de l'oiseau, sa dignité et sa prestance.
Quatre hiboux, tels des cariatides, portent une coupe de cristal transparent d'une absolue pureté.
Cristal transparent. Motifs satinés et repolis. Hauteur : 27,7 cm. Créé en 1982.
Signé LALIQUE FRANCE.

"GRANDS DUCS" (Eagle owl) vase.
As her father and grandfather had portrayed nature, Marie-Claude can only be an animal lover.
She feels a true passion for a number of animals among which this member of the owl family with its huge eyes
denoting amazement and inspiring creative reflection. In the vase "Grands Ducs" Marie-Claude brings out the character
of the bird along with its dignified posture. Four caryatid - like owls - bear a clear crystal bowl.
Clear crystal. Frosted and polished motifs. Height: 27.7 cm. Created in 1982.
Signed LALIQUE FRANCE.

Vase "Esna".
Lors d'un voyage en Egypte, les témoignages artistiques des civilisations
anciennes inspirèrent à Marie-Claude Lalique plusieurs créations dont ce vase empruntant
ses lignes élégantes à un chapiteau de colonne de temple ptolémaïque découvert au bord du Nil.
Tout naturellement, elle appela sa création du lieu où elle en avait eu l'inspiration, "Esna".
Cristal satiné et repoli. Hauteur : 22 cm. Créé en 1984.
Signé LALIQUE FRANCE.

"Esna" vase.
The civilizations which saw the day in Egypt were to inspire Marie-Claude in a number of creations.
During a journey to the banks of the Nile she spotted a column capital dating back to the Ptolemaic period. Its elegant features gave
birth to this vase. As could be expected,
she named her creation after the name of the temple site "Esna".
Frosted and polished crystal. Height: 22 cm. Created in 1984.
Signed LALIQUE FRANCE.

Vase "Noailles".
Son jardin en Provence est pour Marie-Claude Lalique une source inépuisable d'inspiration.
Quotidiennement, une découverte fortuite ou une vision passagère sera à l'origine d'une création.
Ainsi, d'un bouquet de feuillages légers et ondoyants a jailli le vase "Noailles".
Cristal satiné et repoli. Hauteur : 19,5 cm. Créé en 1985.
Signé LALIQUE FRANCE.

"Noailles" vase.
Marie-Claude Lalique's garden in Provence is an endless flow of inspiration.
Any day, a sudden discovery, a fleeting vision and we have what will be a creation.
From a light sprig of undulating leaves came the conception of the Noailles vase.
Frosted and polished crystal. Height: 19.5 cm. Created in 1985.
Signed LALIQUE FRANCE.

Vase "Orchidée".
Lors d'un séjour aux Antilles, Marie-Claude Lalique fut éblouie
par la somptueuse luxuriance d'un jardin rempli d'orchidées. Elle ne put résister au désir de traduire en cristal
la beauté de cette fleur. Jaillissant des flancs ronds et transparents du vase, les deux orchidées sont en cristal opalescent.
De par cette coloration et ce traitement particuliers du cristal, restituant toute la délicatesse de la fleur,
le vase "Orchidée" est un cas unique dans la collection Lalique.
Hauteur: 15,5 cm. Créé en 1978. Signé LALIQUE FRANCE.

"Orchidée vase".
In the West Indies Marie-Claude Lalique was struck by a garden abounding in orchids.
She naturally could not resist the temptation of putting into crystal the beauty of the orchid.
Two orchids in opalescent crystal give the effect of leaping from the clear transparent roundness of the vase.
The colouring and special treatment given to the crystal bring into life the delicacy of the flowers
and make of this vase something unique in the Lalique collection.
Height: 15.5 cm. Created in 1978. Signed LALIQUE FRANCE.

LALIQUE ⌷

signature en lettres bâton et poinçon de maître
signature and master stamp

**joaillerie
orfèvrerie**

*jewelry
silverware*

R. LALIQUE FRANCE

| à la roue |
| *at the wheel* |

R. LALIQUE
FRANCE

| au sable |
| *sand blasted* |

R. Lalique France

| à la roue |
| *at the wheel* |

R.LALIQUE.FRANCE

| à la roue |
| *at the wheel* |

**verrerie
cristallerie**

*glassware
crystalware*

JUSQU'EN 1945

UNTIL 1945

LALIQUE
FRANCE

| au sable |
| *sand blasted* |

LALIQUE FRANCE

| à la roue |
| *at the wheel* |

Lalique France

| à la roue |
| *at the wheel* |

DE 1945 A 1960

FROM 1945 TO 1960

échelle et forme différentes selon la grosseur de l'objet.
scale and shape are different according to the size of the object.

à la roue

at the wheel

LALIQUE

à la pointe
de tungstène ou au diamant

*done with tungstène
or diamond point tool*

Lalique
France

DEPUIS 1960

SINCE 1960

à la roue

at the wheel

LALIQUE

à la pointe
de tungstène ou au diamant

*done with tungstène
or diamond point tool*

Lalique ®
France

à la pointe
de tungstène ou au diamant

*done with tungstène
or diamond point tool*

Lalique ® France

DEPUIS 1978

SINCE 1978

à la pointe
de tungstène ou au diamant

*done with tungstène
or diamond point tool*

Lalique ®
France

à la pointe
de tungstène ou au diamant

*done with tungstène
or diamond point tool*

Lalique ® France

DEPUIS 1980

SINCE 1980

Nous exprimons nos remerciements aux personnes qui ont contribué à la réalisation de cet ouvrage en autorisant la reproduction de documents photographiques.

We would like to express our gratitude to all those who has contributed to the realization of this book by authorizing the reproduction of photographic documents.

Monsieur Georges de Bartha de Christie's-Geneve. Madame Yvonne Brunhammer, Conservateur du Musée des Arts Décoratifs de Paris. Monsieur Igino Consigli, Madame Audrey Friedman de Primavera Gallery, New York. Madame Maria-Teresa Gomes Ferreira de la Fondation Gulbenkian à Lisbonne. Monsieur Kristian Jakobsen, Directeur du Musée des Arts Décoratifs de Copenhague. Madame Lillian Nassau, Monsieur Andreas C. Papadakis d'Academy Editions. Monsieur Nicholas Silver de Silver, Londres. Monsieur et Madame Laurens and Lorraine Tartasky de Crystal Galleries, Colorado. Monsieur William Wiltshire.

A l'occasion de la parution de ce livre, nous aimerions également remercier les personnes dont les travaux ont particulièrement contribué à la connaissance de Lalique et à son rayonnement.

At the publication of this book we would also like to thank all those whose efforts have significantly contributed to the renown and prestige of Lalique.

Monsieur Victor Arwas, Madame Sigrid Barten, Conservateur du Musée Bellerive, Zurich. Mademoiselle Vivienne Becker, Madame Janine Bloch-Dermant, Monsieur Nicholas Dawes, Madame Albane Dolez, Madame Maria-Teresa Gomes-Ferreira, Mademoiselle Sylviane Humair, Madame Katharine Morrison McClinton, Monsieur Felix Marcilhac, Monsieur et Madame Glen et Mary-Lou Utt, Monsieur Christopher Van Percy, Messieurs Mark Waler et Mirek Malevski.

216

la collection

décoration
decoration

CACTUS
10302
Table

CACTUS
10302
Table

SEVILLE
10105
Lustre M.M.

SEVILLE
10105
Chandelier
(medium)

SEVILLE
10105 / B
Lustre P.M.

SEVILLE
10105 / B
Chandelier
(small)

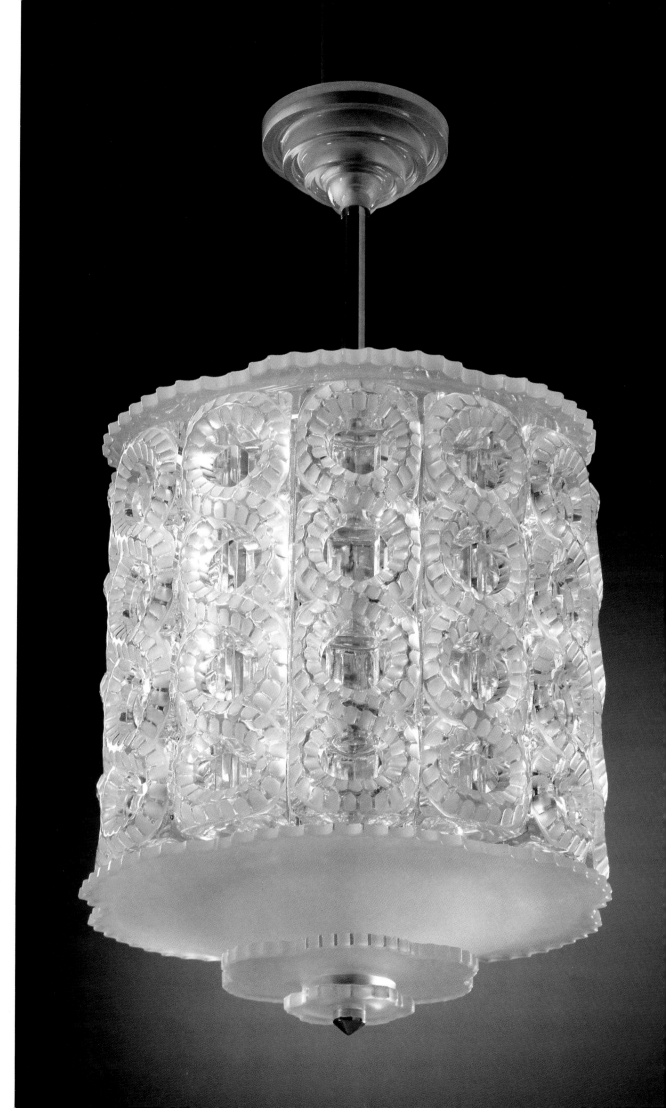

SEVILLE
10104
Lustre G.M.

SEVILLE
10104
Chandelier
(large)

SEVILLE
10003
Applique
deux rangs P.M.

SEVILLE
10003
Sconce
(double small)

SEVILLE
10004
Applique
deux rangs G.M.

SEVILLE
10004
Sconce
(double large)

SEVILLE
10001
Applique G.M.

SEVILLE
10001
Sconce (large)

SEVILLE
10002
Applique P.M.

SEVILLE
10002
Sconce (small)

225

SEVILLE
10055/2
Console deux motifs

SEVILLE
10055/2
Wall console two figures

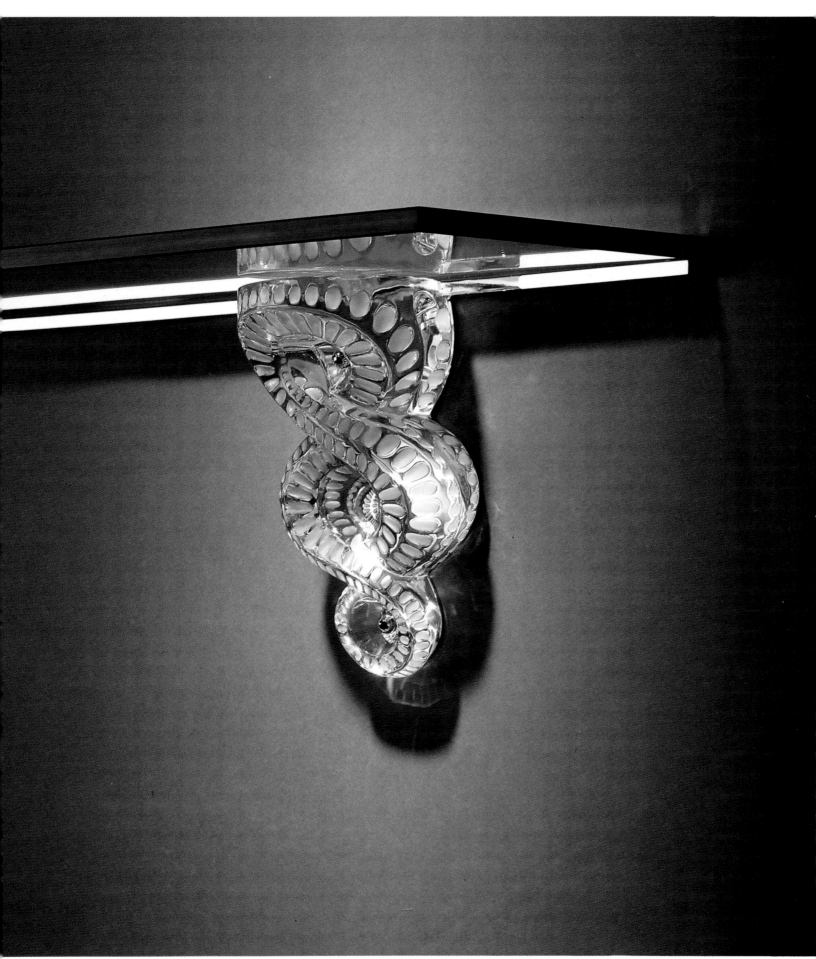

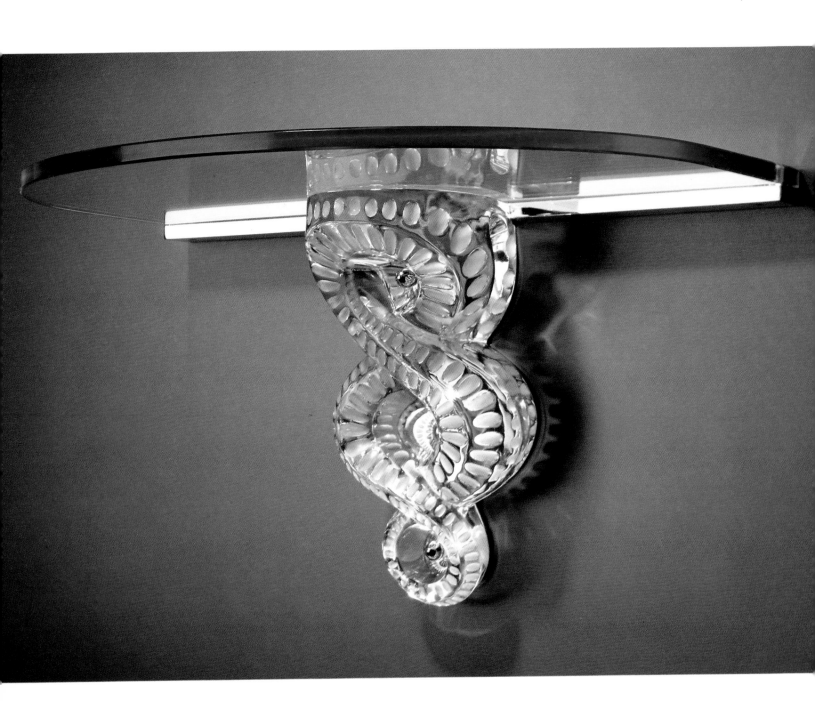

SEVILLE
10055
Console

SEVILLE
10055
Wall console

CHENE
10103
Lustre P.M.

CHENE
10103
Chandelier
(small)

CHENE
10102
Lustre G.M.

CHENE
10102
Chandelier
(large)

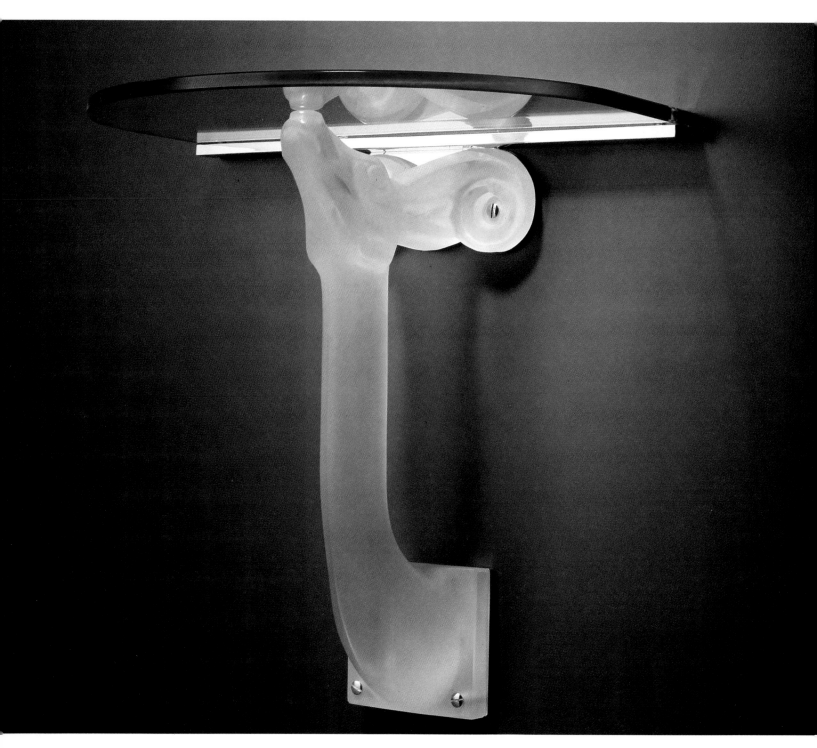

MOUFLON
10054
Console

MOUFLON
10054
Wall console

CHENE
10009
Applique

CHENE
10009
Wall sconce

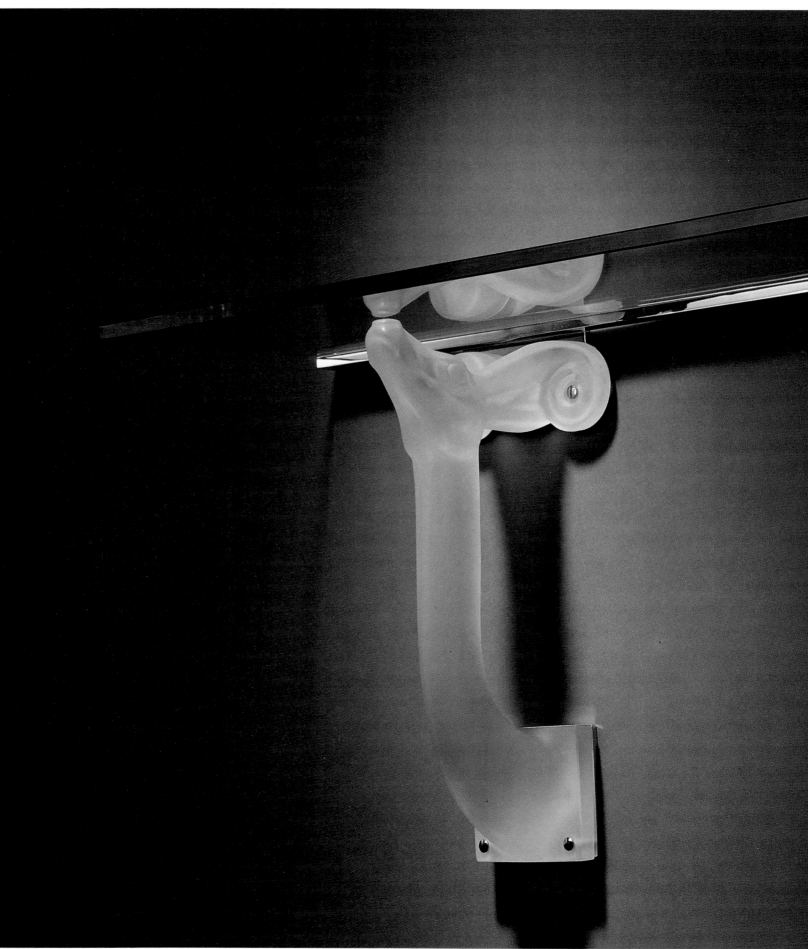

MOUFLON
10054/2
Console deux motifs

MOUFLON
10054/2
Wall console two rams

CERF
10051
Console

CERF
10051
Wall console

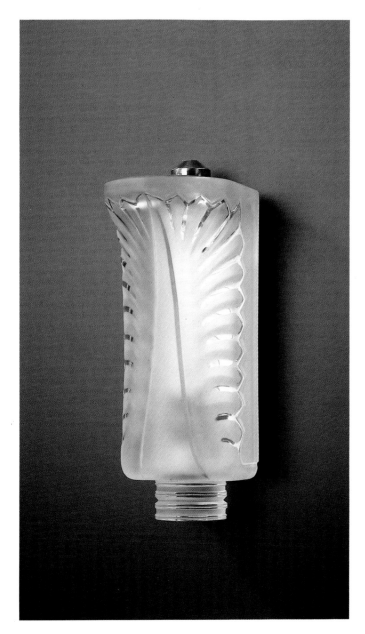

PALME
10008
Applique

PALME
10008
Sconce

CERF
10051/2
Console deux motifs

CERF
10051/2
Wall console two deers

CHAMPS-ELYSEES
10112
Lustre
Monture chromée

CHAMPS-ELYSEES
10112
Chandelier
Chromed mounting

CHAMPS-ELYSEES
10114
Lustre
Monture dorée

CHAMPS-ELYSEES
10114
Chandelier
Golded mounting

CHAMPS-ELYSEES
10010
Applique monture chromée

CHAMPS-ELYSEES
10011
Applique monture dorée

CHAMPS-ELYSEES
10010
Sconce chromed mounting

CHAMPS-ELYSEES
10011
Sconce golded mounting

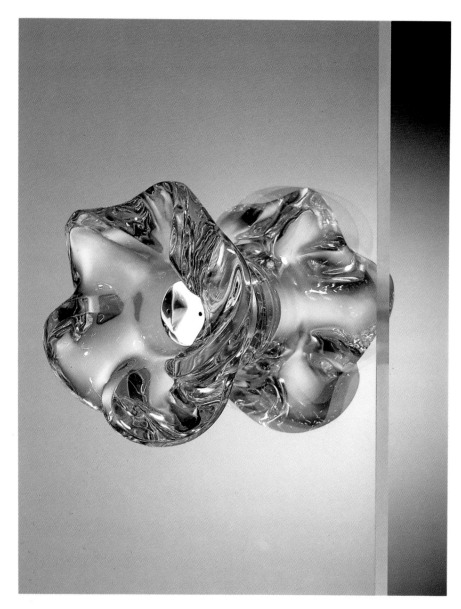

ISERE
10281
Poignée de porte

ISERE
10281
Door knob

SOLEIL
10280
Poignée de porte

SOLEIL
10280
Door handle

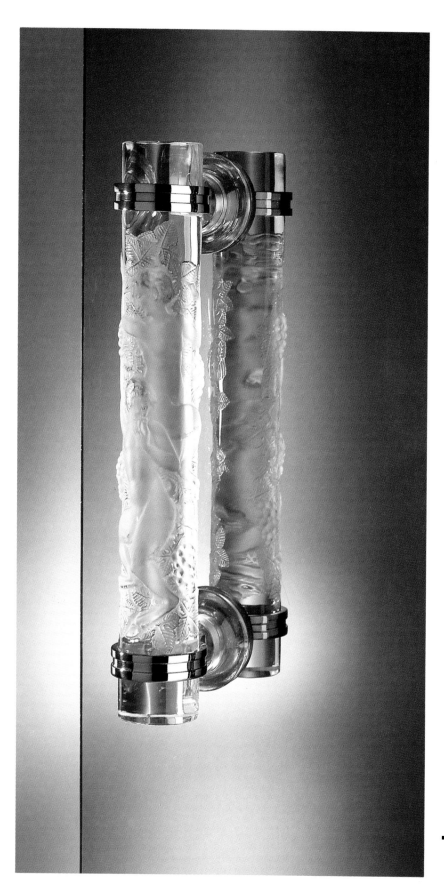

FAUNES
10283
Poignée de porte

FAUNES
10283
Door handle

RINCEAUX
10213
Miroir G.M.

RINCEAUX
10213
Mirror (large)

244

CACTUS
10056
Console

CACTUS
10056
Wall console

bijoux et boîtes
jewellery and boxes

OPHELIE
10580
Boîte

OPHELIE
10580
Box

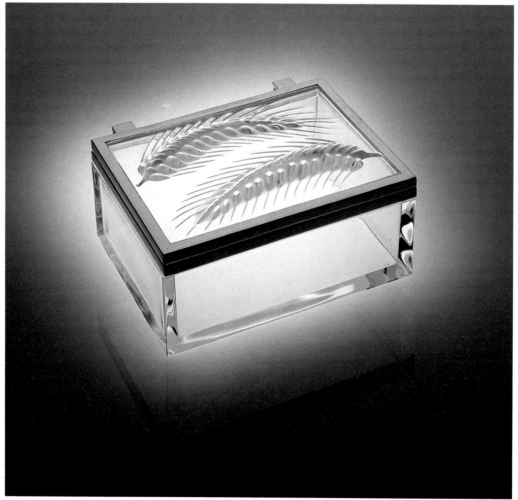

CANARDS
10554
Boîte

CANARDS
10554
Box

EPIS
10579
Boîte

EPIS
10579
Box

DAPHNE
10577
Boîte
Monture dorée

DAPHNE
10577
Box
Golded mounting

DAPHNE
10577/A
Boîte
Monture argentée

DAPHNE
10577/A
Box
Silver mounting

COPPELIA
10578
Boîte
Monture dorée

COPPELIA
10578
Box
Golded mounting

COPPELIA
10578/A
Boîte
Monture argentée

COPPELIA
10578/A
Box
Silver mounting

BAGUES
60 000/B 3 bleu saphir
60 000/J 1 tilleul
60 000/N noir
60 000/V 5 vert émeraude
60 000/B 1 bleu clair
60 000 incolore

RINGS
60 000/B 3 blue sapphire
60 000/J 1 yellow green
60 000/N black
60 000/V 5 emerald green
60 000/B 1 light blue
60 000 clear crystal

cachets
seals

PERDRIX
10611
FAISAN
10610
TOURTERELLE
10612
Cachets

PARTRIDGE
10611
PHEASANT
10610
TURTLE DOVE
10612
Seals

CARAVELLE
10601
NAÏADE
10614
Cachets

CARAVELLE
10601
NAÏAD
10614
Seals

POISSON VERT
10604
GOUJON
10613
Cachets

GREEN FISH
10604
LEAPING FISH
10613
Seals

RAPACE
10602
BASTIA
10607
Cachets

OWL
10602
BASTIA
10607
Seals

DEUX CYGNES
10608
CYGNE
10603
Cachets

TWO SWANS
10608
SWAN
10603
Seals

PINSON
10600
PAX
10615
DEUX COLOMBES
10605
Cachets

FINCH
10600
PAX
10615
LOVE BIRDS
10605
Seals

cendriers
ensembles fumeurs

ashtrays
smoking sets

PHILIPPINES
10742
Cendrier

PHILIPPINES
10742
Ashtray

NANCY
10722
Cendrier

NANCY
10722
Ashtray

ARUBA
10757
Cendrier

ARUBA
10757
Ashtray

BRASILIA
10747
Cendrier

BRASILIA
10747
Ashtray

LION
10569 Briquet
10567 Etui
10743 Cendrier

LION
10569 Lighter
10567 Cigarette holder
10743 Ashtray

TOKYO
10564 Etui
10570 Briquet
10739 Cendrier

TOKYO
10564 Cigarette holder
10570 Lighter
10739 Ashtray

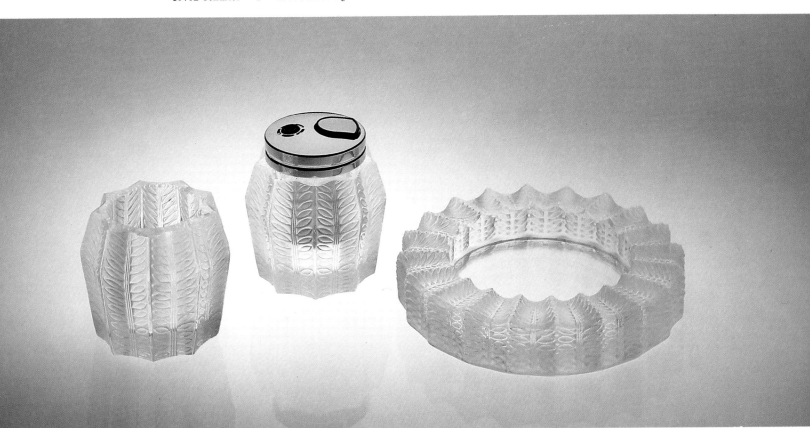

PAQUERETTES
10576
Etui
10751
Cendrier

PAQUERETTES
10576
Cigarette holder
10751
Ashtray

CORFOU
10556
Boîte
10720
Cendrier

CORFOU
10556
Box
10720
Ashtray

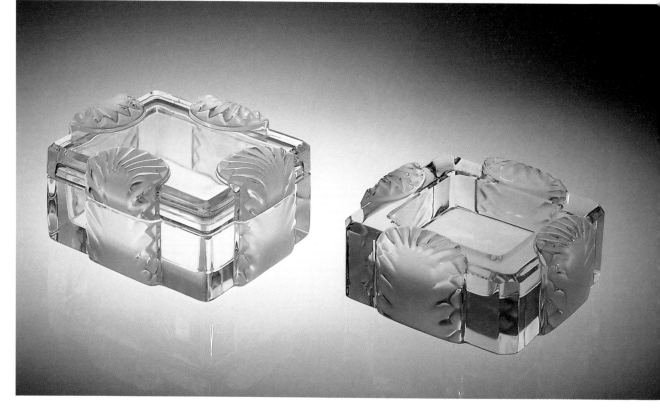

HONFLEUR
10719
Cendrier

HONFLEUR
10719
Ashtray

CANNES
10730
Cendrier

CANNES
10730
Ashtray

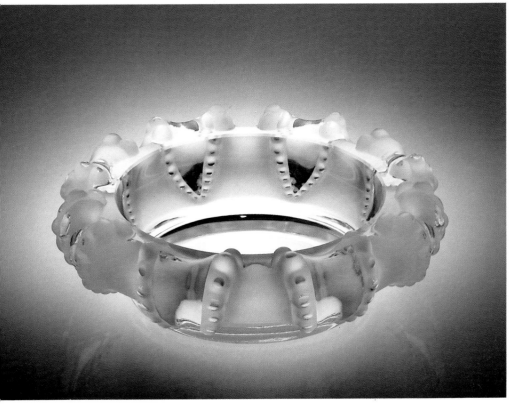

264

NAÏADE
10704
GOUJON
10717
AIGLE
10756
PERDRIX
10715
ECUREUIL
10753
ROXANE
10755
CARAVELLE
10711
Cendriers

NAÏAD
10704
LEAPING FISH
10717
EAGLE
10756
PARTRIDGE
10715
SQUIRREL
10753
ROXANE
10755
CARAVELLE
10711
Pintrays

265

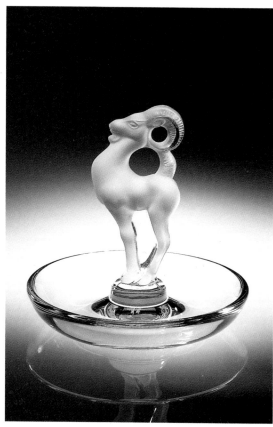

DEUX COLOMBES	**LOVE BIRDS**
10706	*10706*
BASTIA	**BASTIA**
10708	*10708*
TOURTERELLE	**TURTLE DOVE**
10716	*10716*
ROSSIGNOL	**NIGHTINGALE**
10752	*10752*
PAX	**PAX**
10754	*10754*
PINSON	**FINCH**
10705	*10705*
Cendriers	*Pintrays*

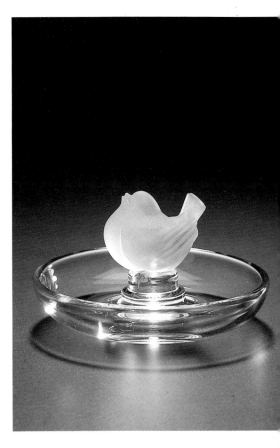

CHARIS	**CHARIS**
10748	*10748*
FAISAN	**PHEASANT**
10713	*10713*
THALIE	**THALIE**
10749	*10749*
CYGNE	**SWAN**
10707	*10707*
DEUX CYGNES	**TWO SWANS**
10714	*10714*
RAPACE	**OWL**
10710	*10710*
Cendriers	*Pintrays*

ANNA
10721
Cendrier

ANNA
10721
Ashtray

SAINT-NICOLAS
10718
Cendrier

SAINT-NICOLAS
10718
Ashtray

GAO
10726
Cendrier

GAO
10726
Ashtray

IRENE
10701
Cendrier

IRENE
10701
Ashtray

271

ARK ROYAL
10735

JANES BAYNES
10734

PINTA
10738
Cendriers

NINA
10737
Ashtrays

CLYBA
10733
Cendriers

SANTA MARIA
10736
Ashtrays

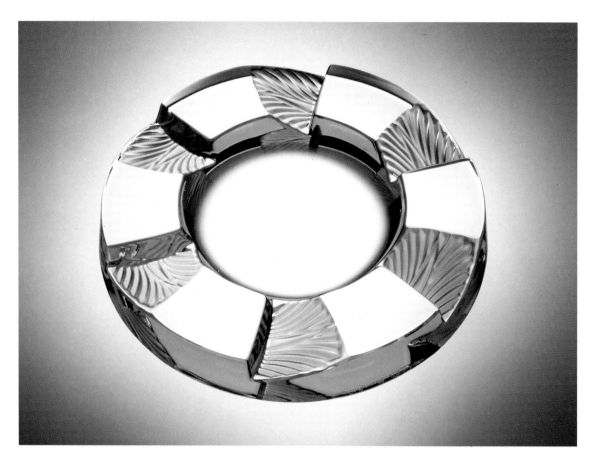

CUBA
10727
Cendrier

CUBA
10727
Ashtray

CONCARNEAU
10723
Cendrier

CONCARNEAU
10723
Ashtray

SOUDAN
10725
Cendrier

SOUDAN
10725
Ashtray

chandeliers
candlesticks

GLOS VOUGEOT
10916
Chandelier

CLOS VOUGEOT
10916
Candlestick

ROXANE
10921
Chandelier

ROXANE
10921
Candlestick

MESANGES
10901
Chandelier

MESANGES
10901
Candlestick

SMYRNE
10915
Chandelier

SMYRNE
10915
Candlestick

PAQUERETTES
10919
Chandelier

PAQUERETTES
10919
Candlestick

ANÉMONES
10922
Chandelier

ANÉMONES
10922
Candlestick

SAINT-FRANÇOIS
10923
Chandelier

SAINT-FRANÇOIS
10923
Candlestick

coupes
bowls

DEUX MOINEAUX
11000
Coupe

DEUX MOINEAUX
11000
Bowl

MOINEAUX		SPARROWS
11605		*11605*
Coquet		*Head under wing*
11633		*11633*
Coléreux		*Wings out*
11606		*11606*
Moqueur		*Head up*
11604		*11604*
Hardi		*Head down*

CERES
11041
Coupe

CERES
11041
Bowl

MESANGES
11018
Coupe

MESANGES
11018
Bowl

PINSONS
11016
Coupe

PINSONS
11016
Bowl

NEMOURS
11010
Coupe

NEMOURS
11010
Bowl

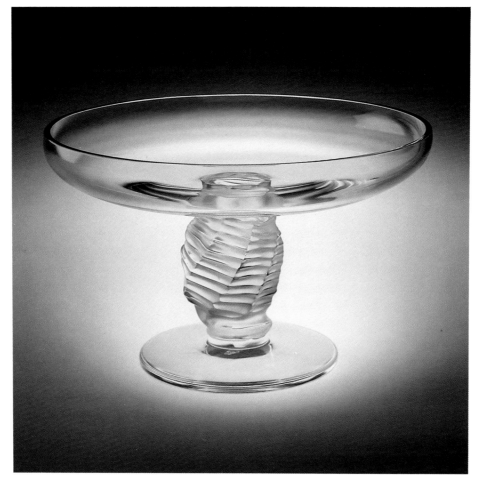

LOCRONAN
11076
Coupe

LOCRONAN
11076
Bowl

STRESA
11220
Coupe

STRESA
11220
Bowl

FUJI YAMA
11043
Coupe

FUJI YAMA
11043
Bowl

PORNIC
11027
Coupe

PORNIC
11027
Bowl

HONFLEUR
11025
Coupe

HONFLEUR
11025
Bowl

PAQUERETTES
11049
Coupe

PAQUERETTES
11049
Bowl

299

VANNERIE
11048
Coupe

VANNERIE
11048
Bowl

ROSCO
11
Co

ROSCO
11
B

AURIAC
11206
Coupe

AURIAC
11206
Bowl

CAPUCINES
11012
Coupe

CAPUCINES
11012
Bowl

303

ROSES
11017
Coupe carrée

ROSES
11017
Square bowl

MARGUERITES
11004
Coupe G.M.

MARGUERITES
11004
Bowl (large)

MARGUERITES
11045
Coupe P.M.

MARGUERITES
11045
Bowl (small)

BOREA
11042
Coupe

BOREA
11042
Bowl

IGOR
11053
Coupe

IGOR
11053
Bowl

PIRIAC
11024
Coupe plate

PIRIAC
11024
Flat bowl

COMPIEGNE
11221
Coupe

COMPIEGNE
11221
Bowl

YSEULT
11222
Coupe

YSEULT
11222
Bowl

308

BARBADE
11075
Coupe

BARBADE
11075
Bowl

VENISE
11223
Coupe

VENISE
11223
Bowl

CHENE
11225
Plat ovale

CHENE
11225
Tray

LAURE
11072
Coupe incolore

LAURE
11072
Flat bowl

LAURE
11072/B
Coupe noire

LAURE
11072/B
Flat bowl
(black crystal)

ANTILLES
11046
Coupe à punch

ANTILLES
11046
Punch bowl

ATHENA
11074
Coupe

ATHENA
11074
Bowl

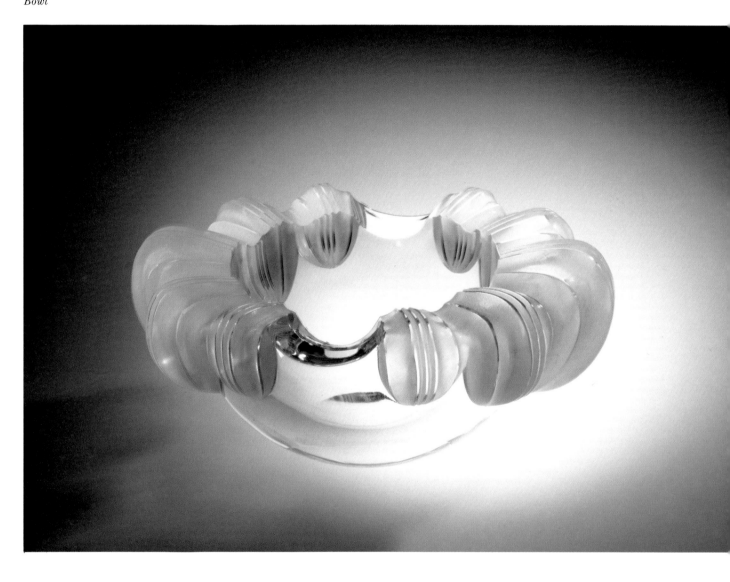

PIVOINE
11077
Coupe

PIVOINE
11077
Bowl

NOGENT
11051
Coupe

NOGENT
11051
Bowl

VERONE
11218
Coupe

VERONE
11218
Bowl

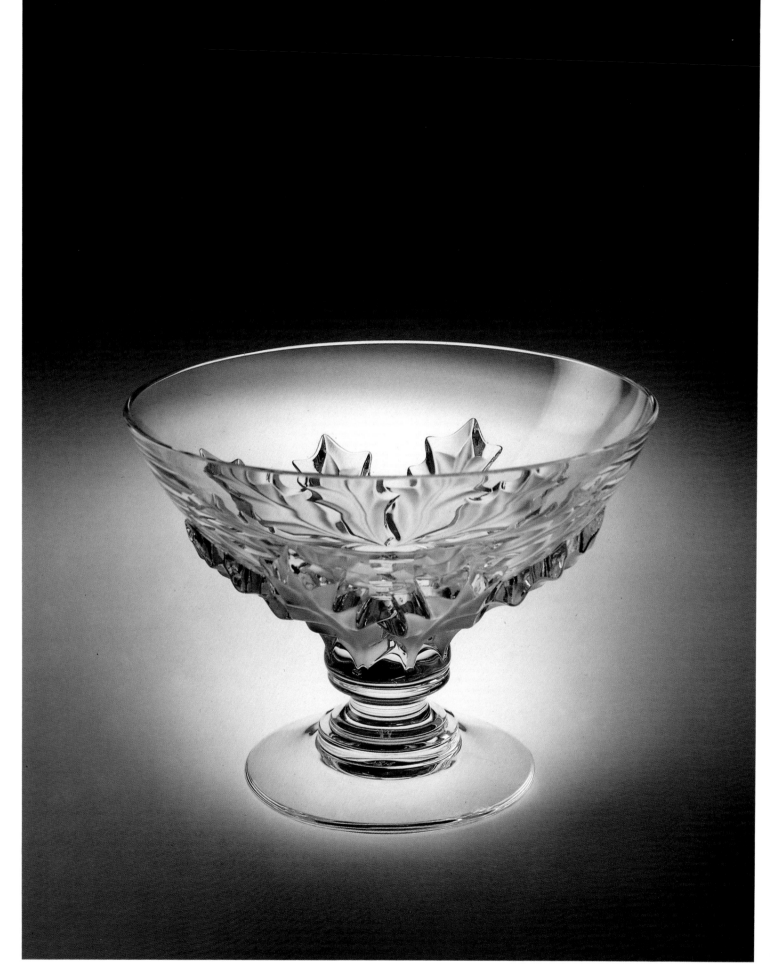

OLONNE
11057
Coupe

OLONNE
11057
Bowl

CHAMPS-ELYSEES
11216
Coupe

CHAMPS-ELYSEES
11216
Oval bowl

CAP FERRAT
11067
Coupe carrée incolore

CAP FERRAT
11067
Square bowl clear

CAP FERRAT
11067/BL
Coupe carrée bleue

CARAÏBES
11219
Plat ovale

CAP FERRAT
11067/BL
Square bowl blue

CARAÏBES
11219
Oval plate

ARUMS
11078
Coupe

ARUMS
11078
Bowl

PERSEPOLIS
11068
Coupe

PERSEPOLIS
11068
Bowl

SERPENTS
11071
Coupe

SERPENTS
11071
Bowl

YESO
11073
Coupe

YESO
11073
Bowl

BAMAKO
11069
Coupe

BAMAKO
11069
Bowl

LIERRE
11070
Coupe

LIERRE
11070
Bowl

COTE D'OR
11005
Coupe plate

COTE D'OR
11005
Flat bowl

flacons
garnitures de toilette
vaporisateurs
miroirs

perfume bottles
toilet sets
atomizers
mirrors

DUNCAN	DUNCAN
11381	*11381*
Flacon nº 3	*Perfume bottle nº 3*
11380	*11380*
Flacon nº 2	*Perfume bottle nº 2*
11383	*11383*
Boîte	*Box*
11311	*11311*
Vaporisateur	*Atomizer*

SAMOA
11312
Flacon

SAMOA
11312
Perfume bottle

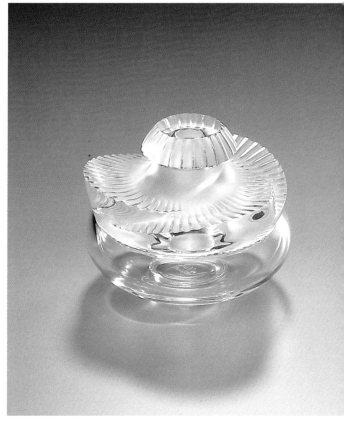

 CLAIREFONTAINE
11300
Flacon

CLAIREFONTAINE
11300
Perfume bottle

BAPTISTE
11313
Flacon

BAPTISTE
11313
Perfume bottle

MARTINE
11302
Flacon

MARTINE
11302
Perfume bottle

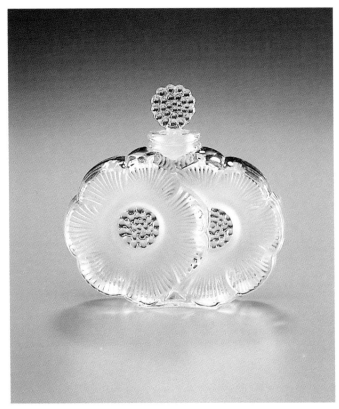

DEUX FLEURS
11301
Flacon

DEUX FLEURS
11301
Perfume bottle

MOULIN ROUGE
11304
Flacon

MOULIN ROUGE
11304
Perfume bottle

VERONIQUE
Vaporisateur
11305/VI
Violet
11305/J
Tilleul

VERONIQUE
Atomizer
11305/VI
Violet
11305/J
Yellow green

FLORIDE
Vaporisateur/*Atomizer*
11310/VI
Violet
11310/VE
Vert/*Green*
11310/J
Tilleul/*Yellow green*

Flacon/*Perfume Bottle*
11374/VI
Violet
11374/VE
Vert/*Green*
11374/J
Tilleul/*Yellow green*

Boîte/*Box*
11375/VI
Violet
11375/VE
Vert/*Green*
11375/J
Tilleul/*Yellow green*

ENFANTS
11308
Vaporisateur
11363
Flacon
11364
Boîte

ENFANTS
11308
Atomizer
11363
Perfume bottle
11364
Box

ROBINSON
11307
Vaporisateur
11368
Flacon
11369
Boîte

ROBINSON
11307
Atomizer
11368
Perfume bottle
11369
Box

BOUTONS DE ROSES
10655
Miroir

BOUTONS DE ROSES
10655
Mirror

garnitures de bureau
lampes

desk sets
lamps

JOSEPHINE
11440
Sous-main
11441
Buvard
11442
Calendrier-bloc
11443
Coupe-papier

JOSEPHINE
11440
Desk blotter
11441
Hand blotter
11442
Desk calendar
11443
Letter opener

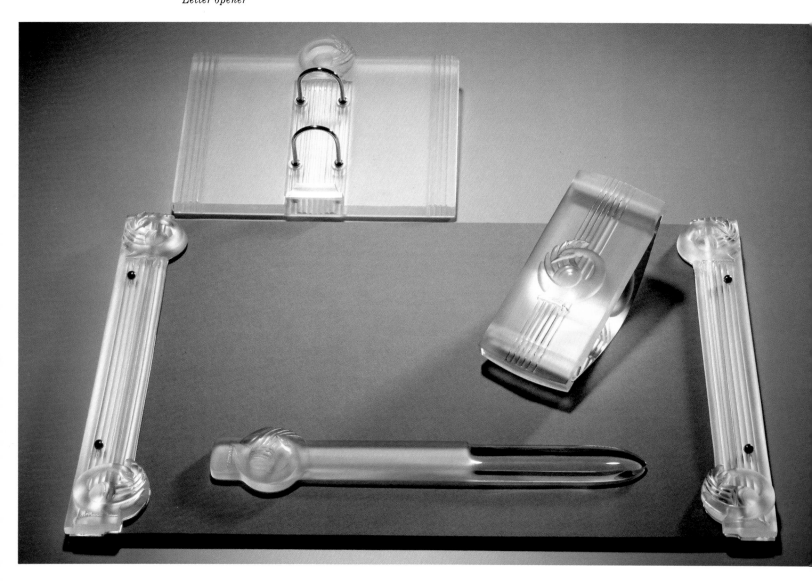

JOSEPHINE
11453
Lampe

JOSEPHINE
11453
Lamp

OLYMPIE
11478
Lampe

OLYMPIE
11478
Lamp

348

ROSINE
11464
Lampe

ROSINE
11464
Lamp

MESANGES
11450
Lampe

MESANGES
11450
Lamp

PAQUERETTES
11471
Lampe

PAQUERETTES
11471
Lamp

ARIANE
11473
Lampe

ARIANE
11473
Lamp

354

ATOSSA
11475/AM
Lampe ambre

ATOSSA
11475/AM
Lamp amber

SAGHIR
11477
Lampe

SAGHIR
11477
Lamp

CYRUS
11476
Lampe

CYRUS
11476
Lamp

motifs décoratifs
decorative figures

AUXO	**CHARIS**
11636	11635
Colombe	Colombe

AUXO	*CHARIS*
11636	*11635*
Dove	*Dove*

CLITA
11634
Colombe

CLITA
11634
Dove

TÊTE DE CHEVAL
11624

HORSE HEAD
11624

364

PERDRIX	PARTRIDGES
11610	*11610*
Debout	*Head up*
11612	*11612*
Inquiète	*Worry*
11611	*11611*
Couchée	*Squat*

ARIANE
11638
Deux colombes

ARIANE
11638
Two doves

COQ
11623

ROOSTER
11623

TOURTERELLES
11626
Motif horizontal
11627
Motif vertical

TURTLE DOVES
11626
Horizontal posture
11627
Vertical posture

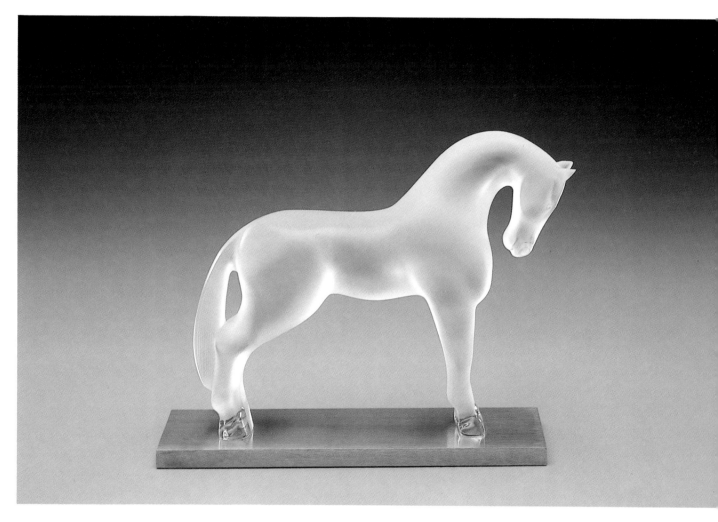

SIGLAVY
11649
Cheval sur socle métal

SIGLAVY
11649
Horse on metal base

GREGOIRE
11640
Crapaud

GREGOIRE
11640
Toad

VALENTIN
11641
Hérisson

VALENTIN
11641
Hedgehog

CAROLINE
11639
Tortue

CAROLINE
11639
Turtle

AIGLE
11643

EAGLE
11643

CANE
11632

DUCK
11632

LOUISIANE
11642

LOUISIANE
11642

CYGNE
11615
Tête baissée
11616
Tête haute

SWAN
11615
Head down
11616
Head up

CYGNE
11615
Tête baissée
MIROIR UN CYGNE
11618

SWAN
11615
Head down
MIRROR ONE SWAN
11618

MIROIR OVALE
DEUX CYGNES
11617 .

MIRROR
TWO SWANS OVAL
11617

CHAT ASSIS
11603
CHAT COUCHÉ
11602

SITTING CAT
11603
CROUCHING CAT
11602

POMME
11646

APPLE
11646

CHLOE
11648
Mouette

CHLOE
11648
Seagull

DAPHNIS
11647
Mouette

DAPHNIS
11647
Seagull

ANÉMONES
10922
Chandelier

ANÉMONES
10922
Candlestick

ANÉMONE
11614

**VASE
DEUX ANÉMONES**
11613

AMON
11653
Tête de bélier

AMON
11653
Ram's head

NAM
11654
Buffle

NAM
11654
Buffalo

382

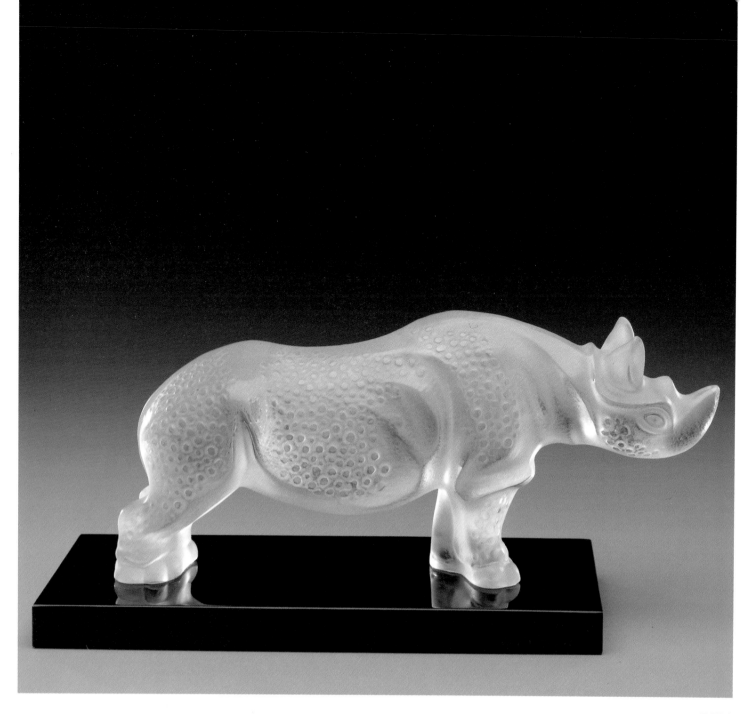

TOBA
11651
Rhinocéros

TOBA
11651
Rhinoceros

ZEILA
11652
Panthère

ZEILA
11652
Panther

385

DEUX POISSONS
11622

TWO FISHES
11622

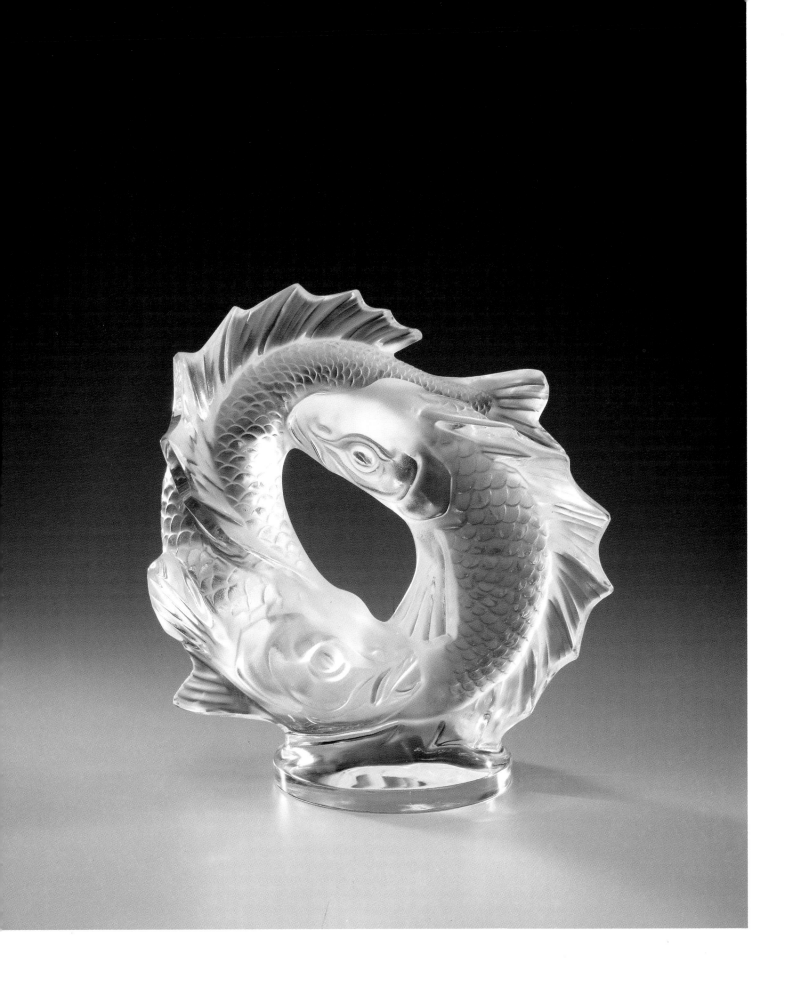

MASQUE
DE FEMME
11645

THE MASK
11645

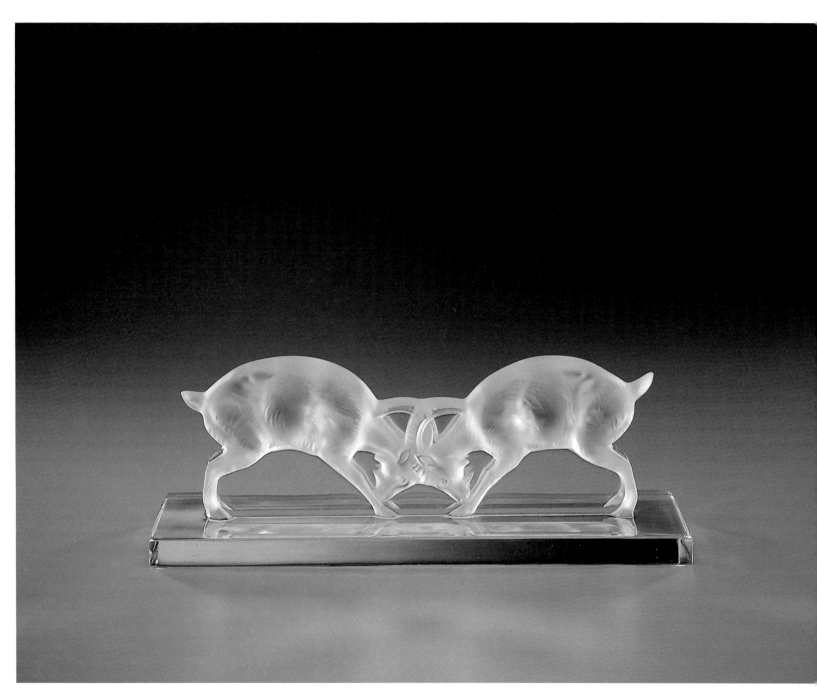

DEUX CHÈVRES
11650

FIGHTING GOATS
11650

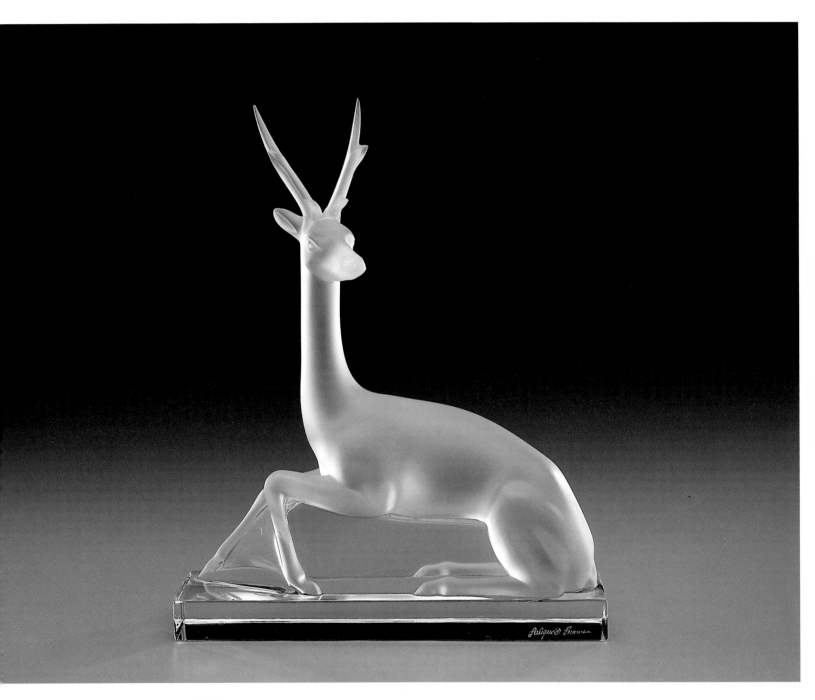

CERF
11630

STAG
11630

PILMICO
11628
Tête basse
11629
Tête haute

PILMICO
11628
Head down
11629
Head up

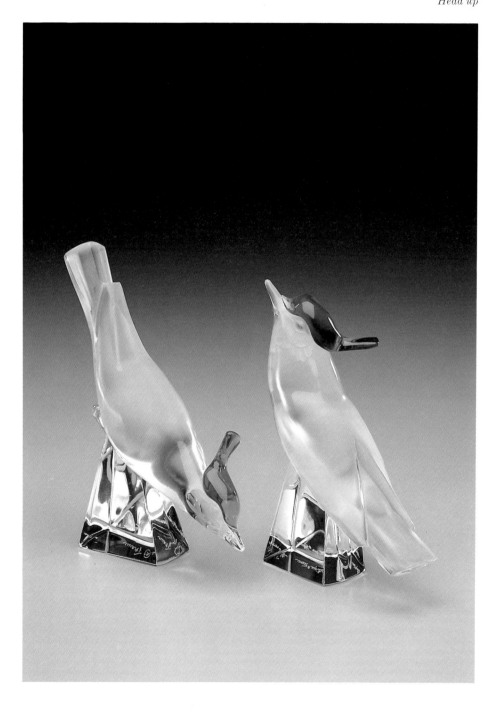

394

VERVIERS
11609
GAND
11607
BRUGES
11608
Pigeons

VERVIERS
11609
GAND
11607
BRUGES
11608
Pigeons

SALAMANDRE
11644

SALAMANDER
11644

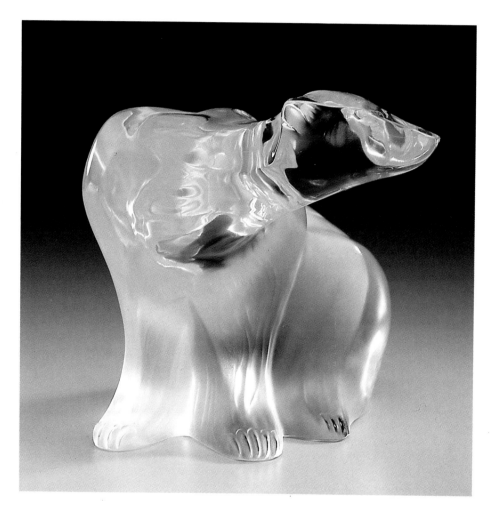

OURS
11637

POLAR BEAR
11637

PERCEVAL
11655
Lévrier

PERCEVAL
11655
Greyhound

BAMARA
11656
Lion

BAMARA
11656
Lion

plateaux
trays

MURCIE
11712
Plateau

MURCIE
11712
Tray

BERBÈRE
11710
Plateau

NIGERIA
11711
Plateau

BERBÈRE
11710
Tray

NIGERIA
11711
Tray

SAINT-MALO
11701
Plateau

SAINT-MALO
11701
Tray

PERDRIX
11700
Plateau

PERDRIX
11700
Tray

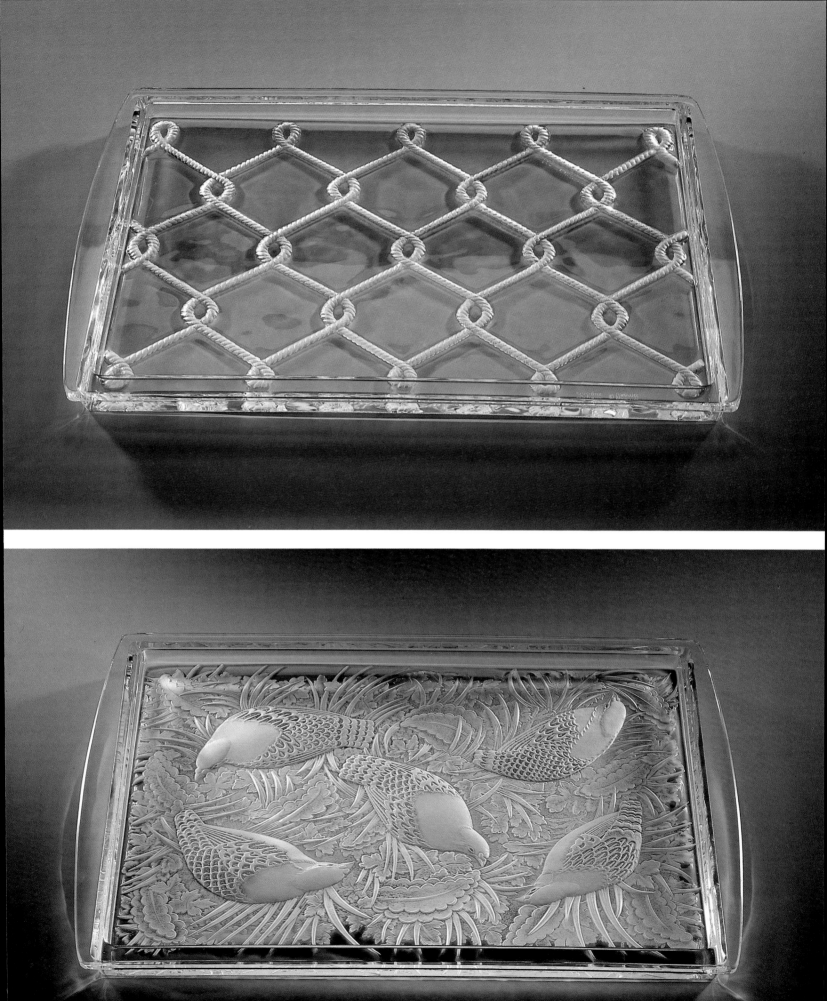

porte-menus
ou presse-papiers
menu holders
or paperweights

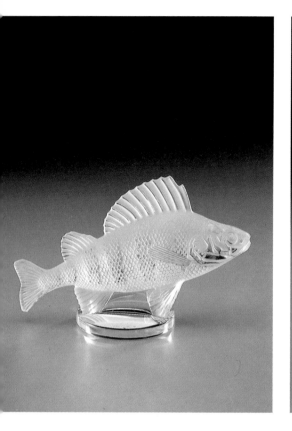

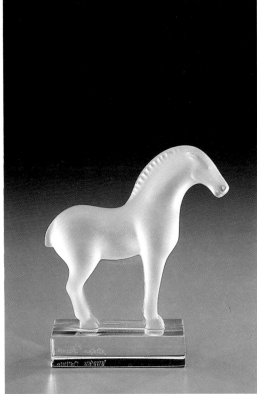

SANGLIER
11802
Presse-papiers

BOAR
11802
Paperweight

TANG
11816
Presse-papiers

TANG
11816
Paperweight

ÉLÉPHANT
11801
Presse-papiers

ELEPHANT
11801
Paperweight

PERCHE
11803
Presse-papiers

FISH
11803
Paperweight

CHOUETTE
11815
Presse-papiers

OWL
11815
Paperweight

DAIM
11804
Presse-papiers

DEER
11804
Paperweight

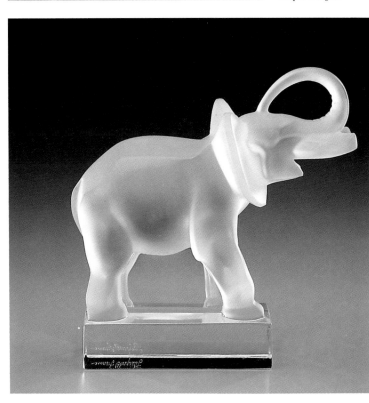

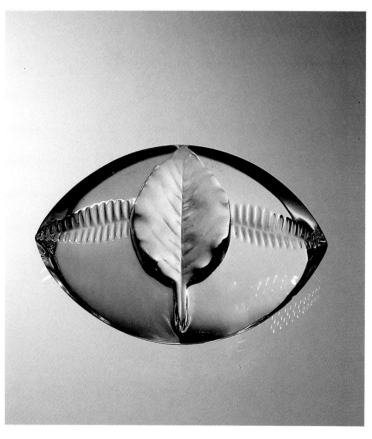

VINCENNES
11814
Presse-papiers

VINCENNES
11814
Paperweight

BOULOGNE
11813
Presse-papiers

BOULOGNE
11813
Paperweight

COQ NAIN
11800
Presse-papiers

ROOSTER
11800
Paperweight

BISON
11806
Presse-papiers

BISON
11806
Paperweight

TAUREAU
11805
Presse-papiers

BULL
11805
Paperweight

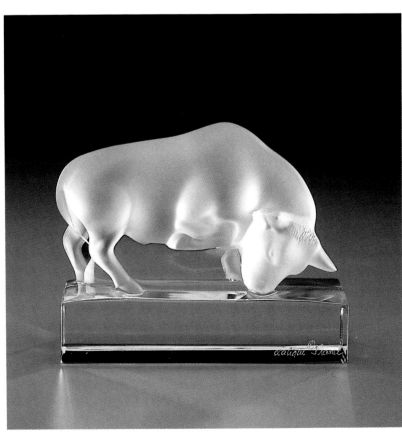

TÊTE DE COQ
11807
Presse-papiers

TÊTE DE COQ
11807
Paperweight

TÊTE DE COQ
11852
Serre-livres

TÊTE DE COQ
11852
Bookends

RÊVERIE
11850
Serre-livres

RÊVERIE
11850
Bookends

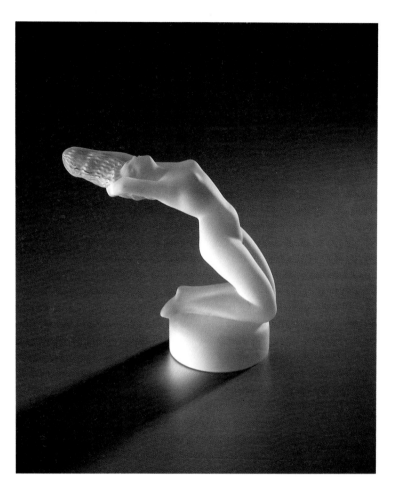

CHRYSIS
11809
Presse-papiers

CHRYSIS
11809
Paperweight

CHRYSIS
11854
Serre-livres

CHRYSIS
11854
Bookends

AMON
11855
Serre-livres

AMON
11855
Bookends

TÊTE D'AIGLE
11808
Presse-papiers

TÊTE D'AIGLE
11808
Paperweight

TÊTE D'AIGLE
11853
Serre-livres

TÊTE D'AIGLE
11853
Bookends

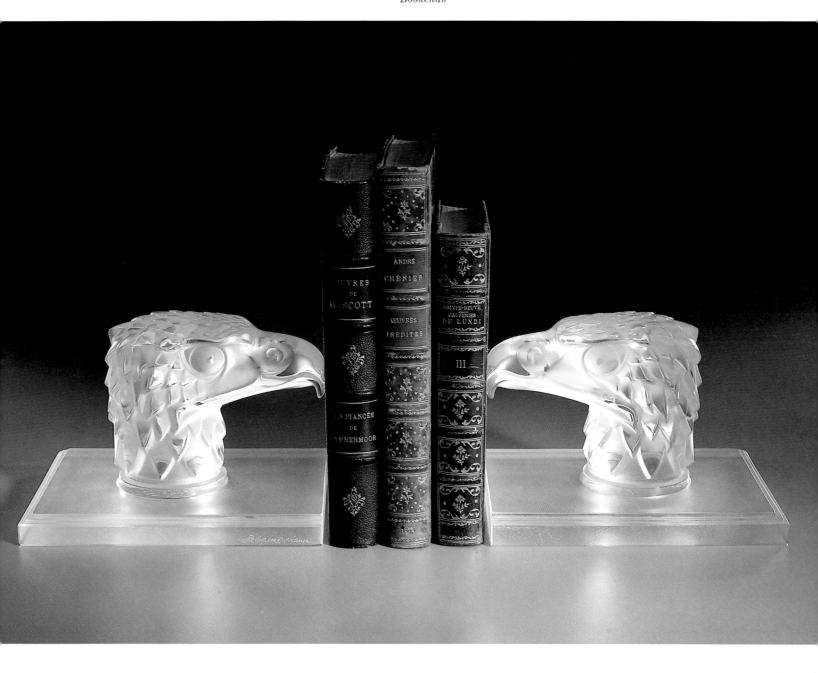

SOBEK
11856
Serre-livres

SOBEK
11856
Bookends

HIRONDELLE
11810
Presse-papiers

HIRONDELLE
11810
Paperweight

HIRONDELLES
11851
Serre-livres

HIRONDELLES
11851
Bookends

statuettes
figurines

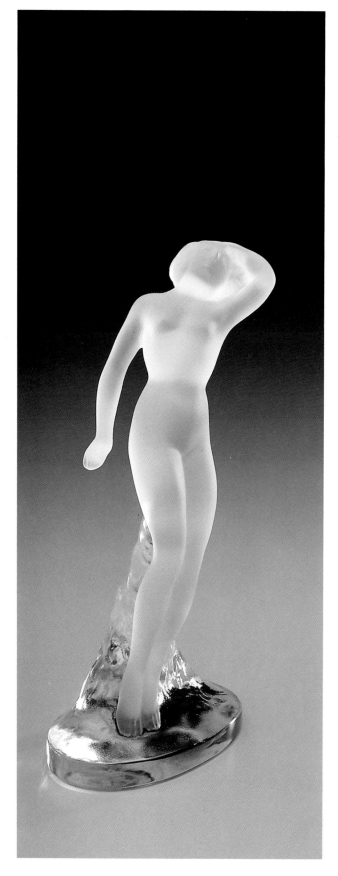

DANSEUSE BRAS BAISSÉ
11910
Statuette

DANSEUSE BRAS LEVÉS
11908
Statuette

NUDE ARM OUT
11910
Figurine

NUDE ARMS UP
11908
Figurine

DEUX DANSEUSES
11909
Statuette

NUDES DANCING
11909
Figurine

DIANE
11906
Statuette

DIANE
11906
Figurine

FLORÉAL
11904
Statuette

FLOREAL
11904
Figurine

432

FAUNE
11907
Figurine

LEDA
11905
Statuette

LEDA
11905
Figurine

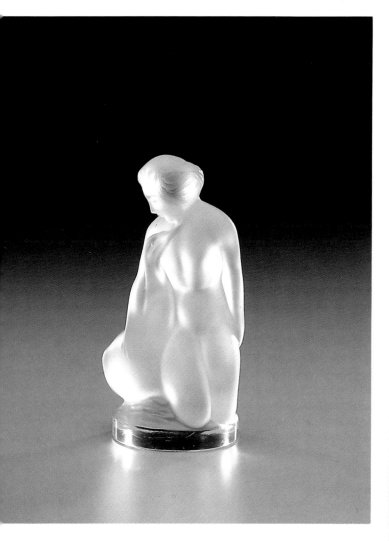

sujets religieux
religious items

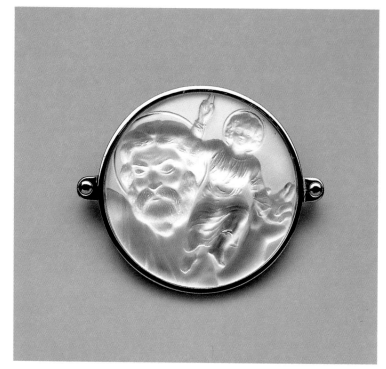

SAINT-CHRISTOPHE
12018
Médaille avec monture

SAINT-CHRISTOPHE
12018
Care medal

SAINT-CHRISTOPHE
12017

CHRIST
12001
Socle bronze

CHRIST
12001
Bronze base

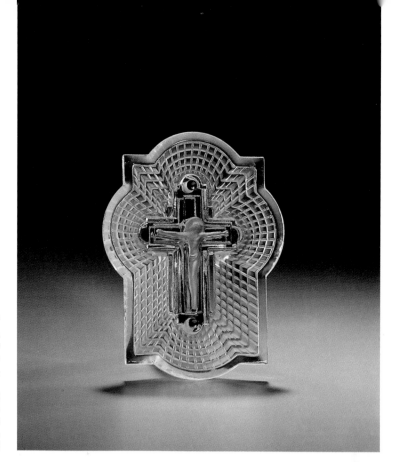

CROIX SUR CHEVALET
12005/A

CROSS ON STAND
12005/A

CROIX MONTURE MURALE
12005/B

WALL CROSS
12005/B

CHRIST
12003
Sans socle

CHRIST
12003
Without base

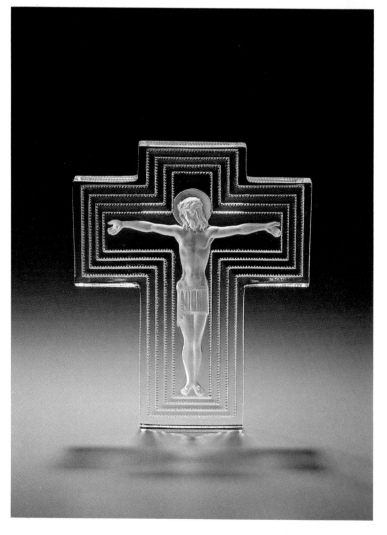

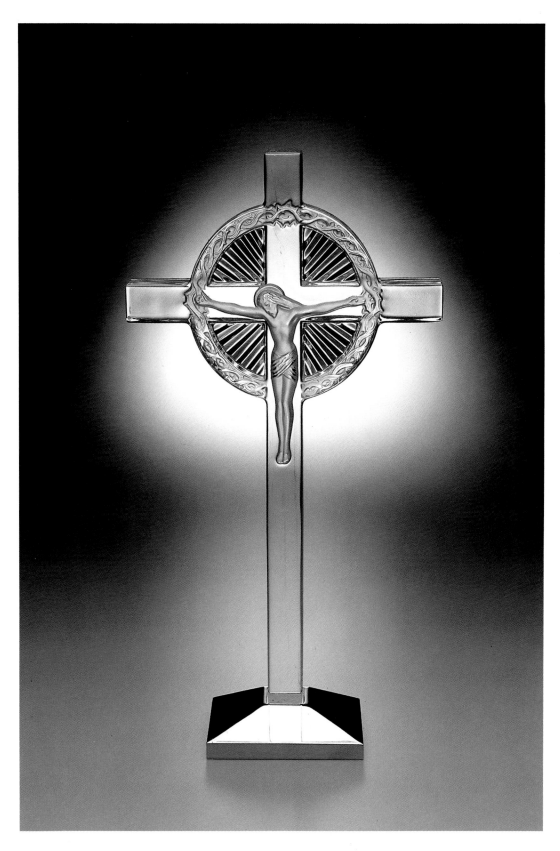

**CHRIST
COURONNE D'ÉPINES**
12012
Socle métal

**CHRIST
WITH THORN WREATH**
12012
Metal base

**VIERGE A L'ENFANT
AGENOUILLÉE**
12015

**MADONA WITH CHILD
KNEELING**
12015

CROIX DE BERCEAU
12016

CRADLE CROSS
12016

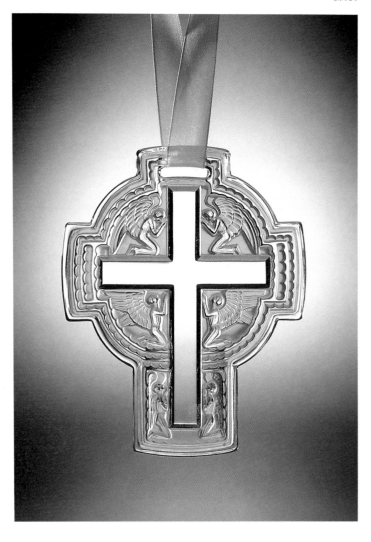

**VIERGE
MAINS JOINTES**
12019

**MADONA
WITH JOINING HANDS**
12019

440

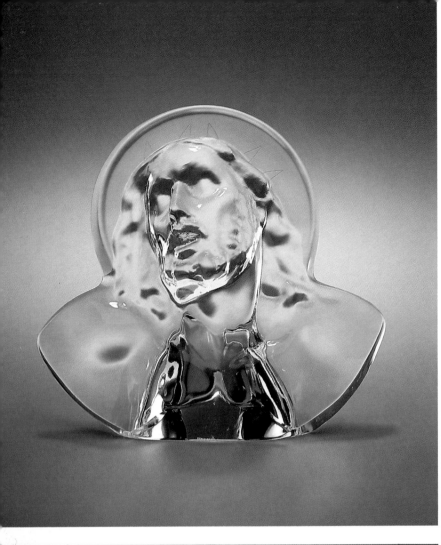

TÊTE DE CHRIST
12007

CHRIST HEAD
12007

CHRIST
12002
Socle verre P.M.

CHRIST
12002
Glass base (small)

**VIERGE
A L'ENFANT JÉSUS**
12014
Socle noir

**MADONA
WITH JESUS**
12014
Black crystal base

vases

vases

LUXEMBOURG
11620
Demi-groupe
Cheveux courts

LUXEMBOURG
11619
Demi-groupe
Cheveux longs

LUXEMBOURG
12227
Vase

LUXEMBOURG
11620
Short hair

LUXEMBOURG
11619
Long hair

VERSAILLES
12261
Vase

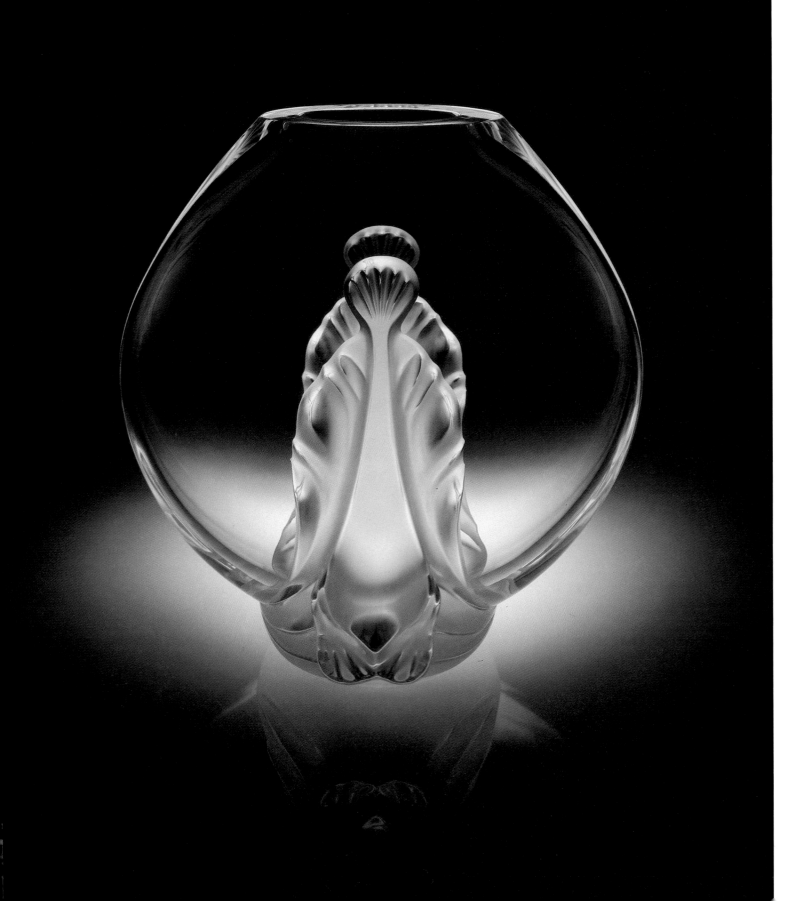

COME
12313
Vase

NOAILLES
12312
Vase

INGRID
12289
Vase

BROCELIANDE
12288
Vase

OSUMI
12302
Vase

MARTINETS
12308
Vase

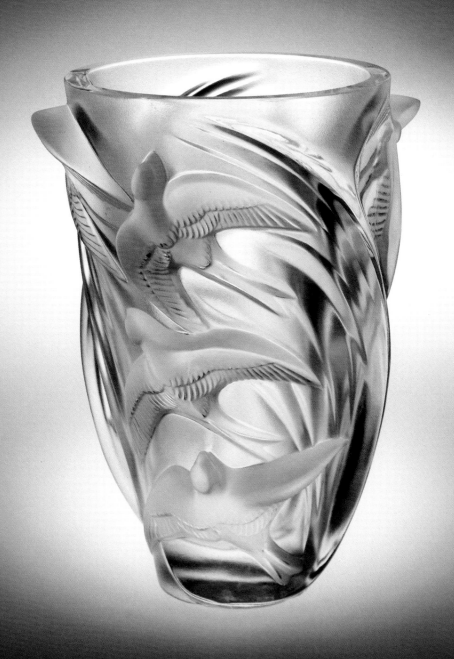

ALICANTE
12284
Vase

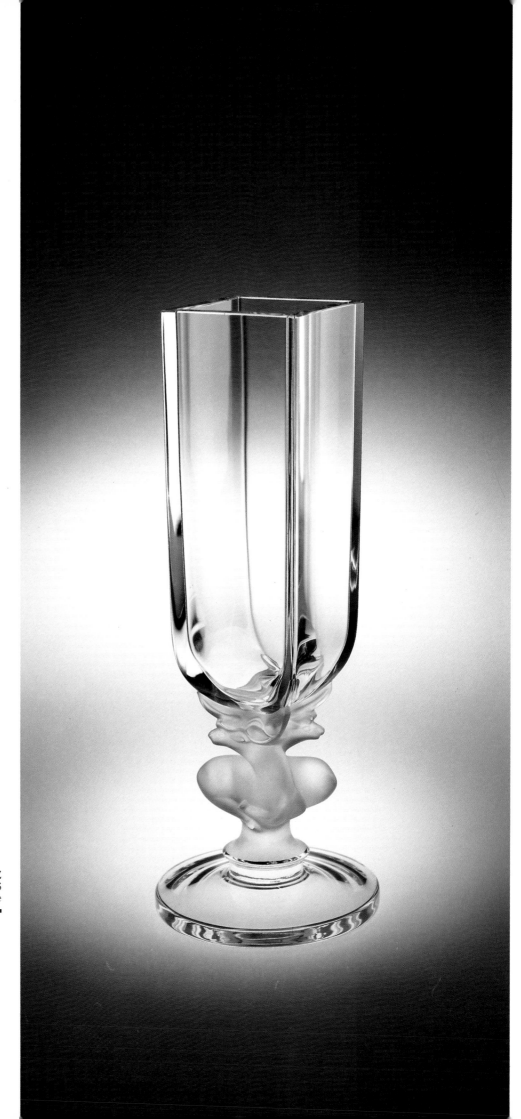

CHIRAZ
12286
Vase

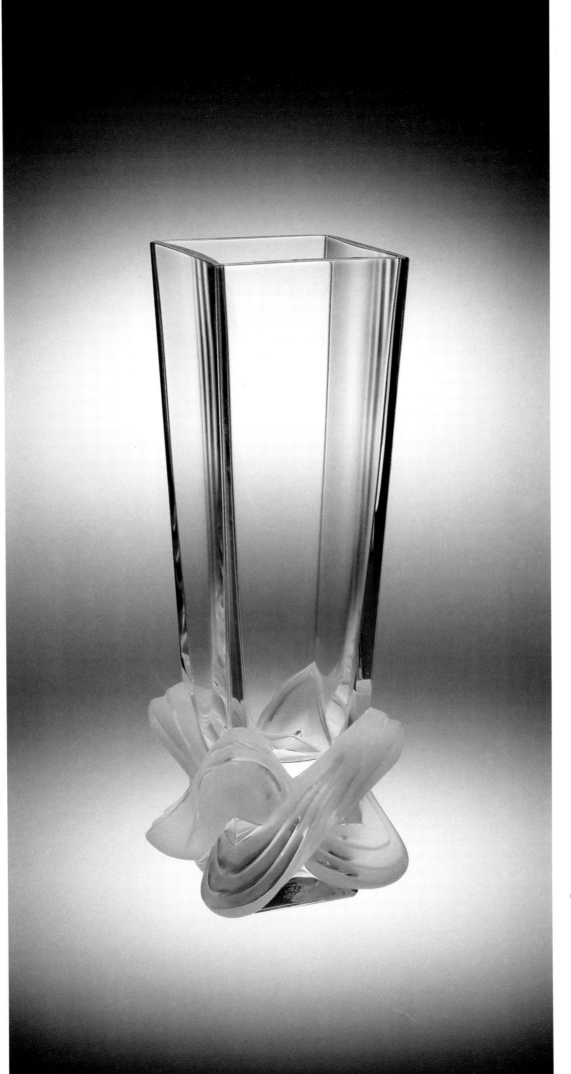

LUCCA
12303
Vase

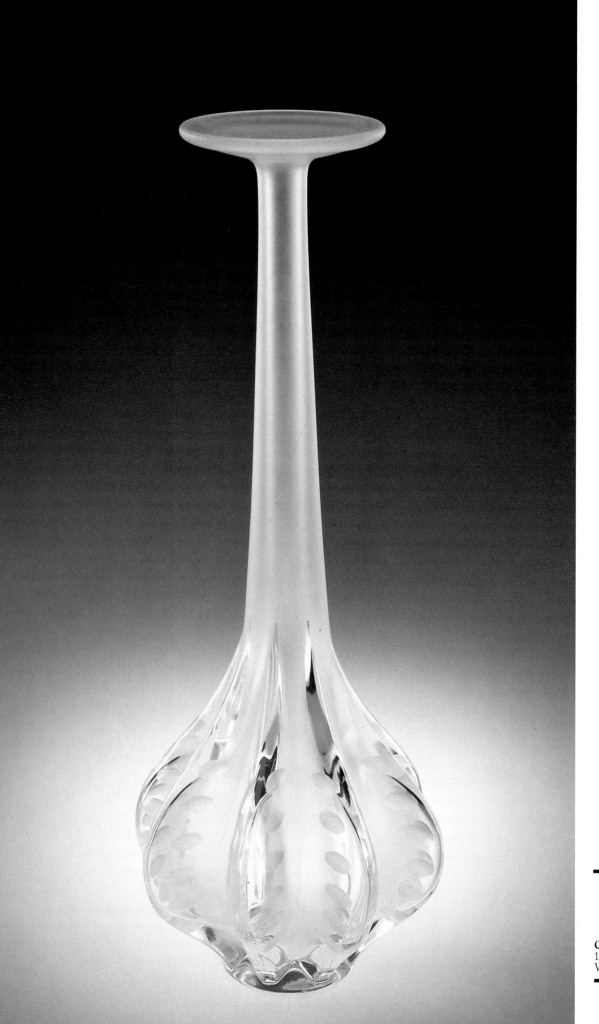

VAGUES
12298
Vase

CLAUDE
12273
Vase

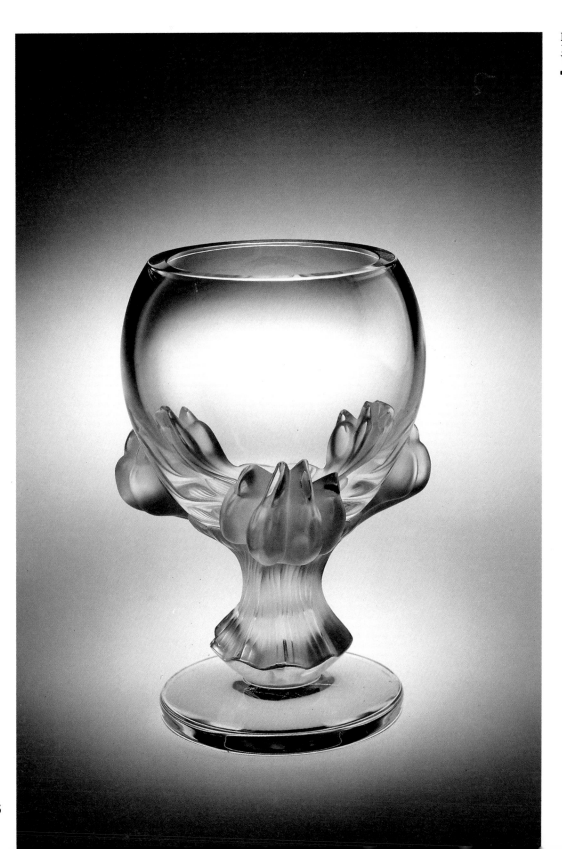

BAGHEERA
12297
Vase

HEDERA
12299
Vase

477

ONDINES
12238
Vase

478

ISPAHAN
12239
Vase

OSMONDE
12283
Vase

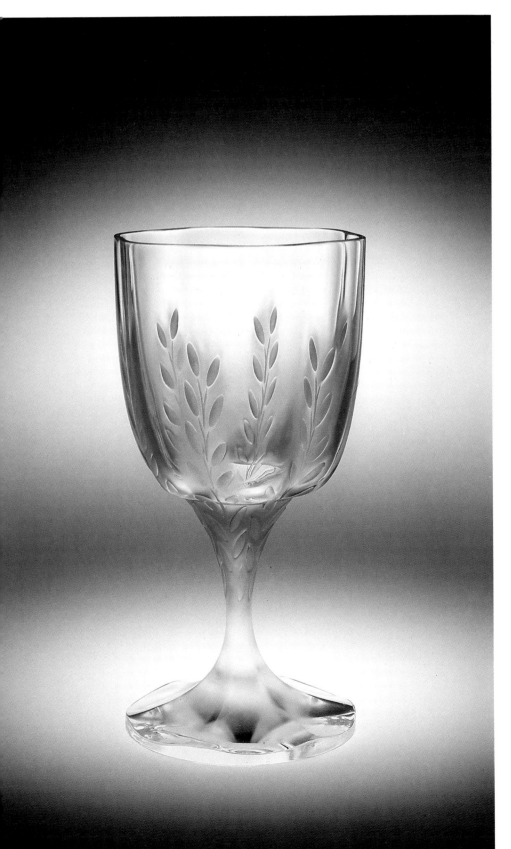

LELIA
12285
Vase

DEUX TULIPES
12278
Vase

HIBOUX
12279
Vase

SAUMUR
12300
Vase

CLEVES
12287
Vase

FEUILLES
12209
Vase

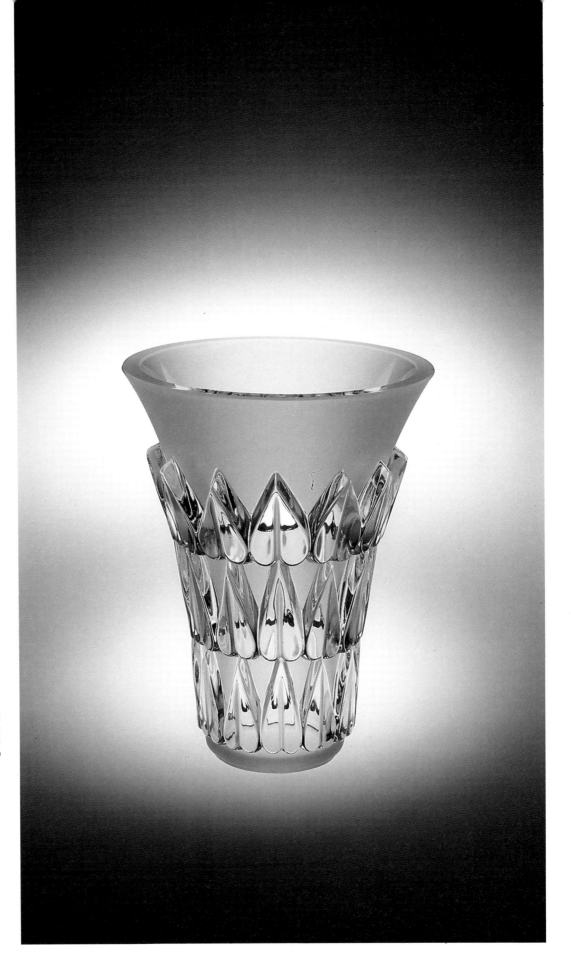

NARCISSE
12264
Vase

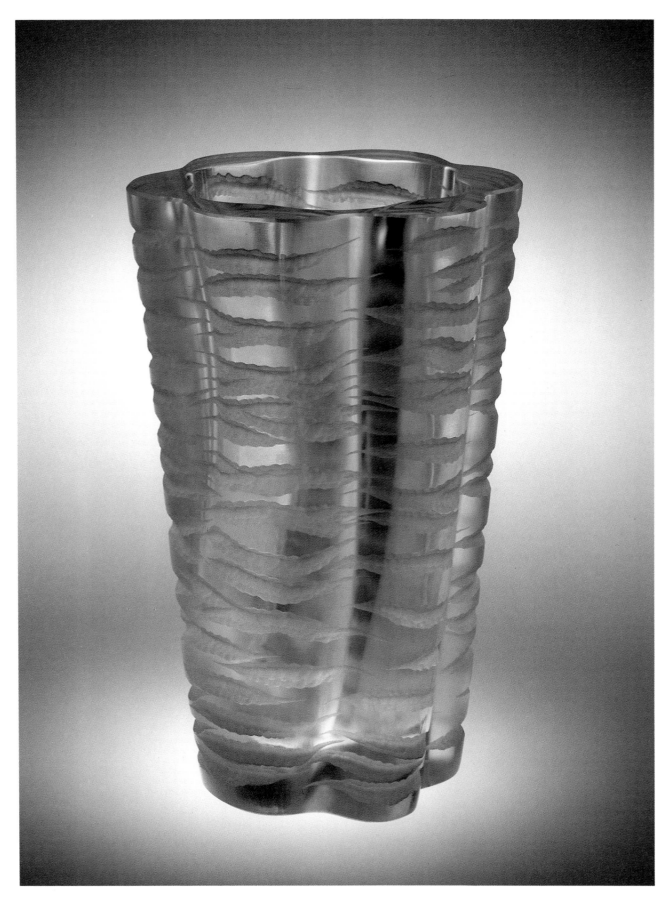

SENLIS
12263
Vase

MORTEFONTAINE
12267
Vase

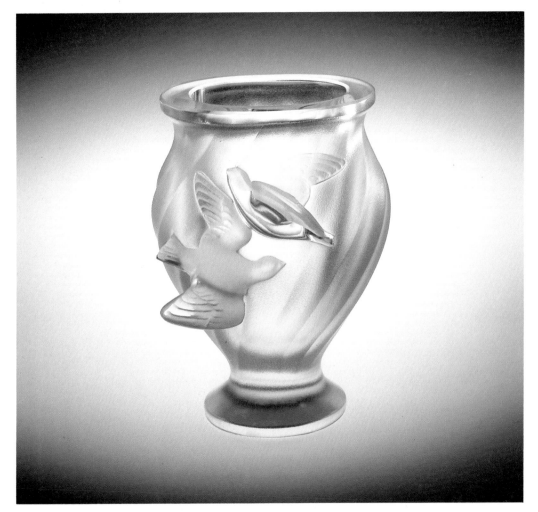

SYLVIE
12258
Vase

ROSINE
12260
Vase

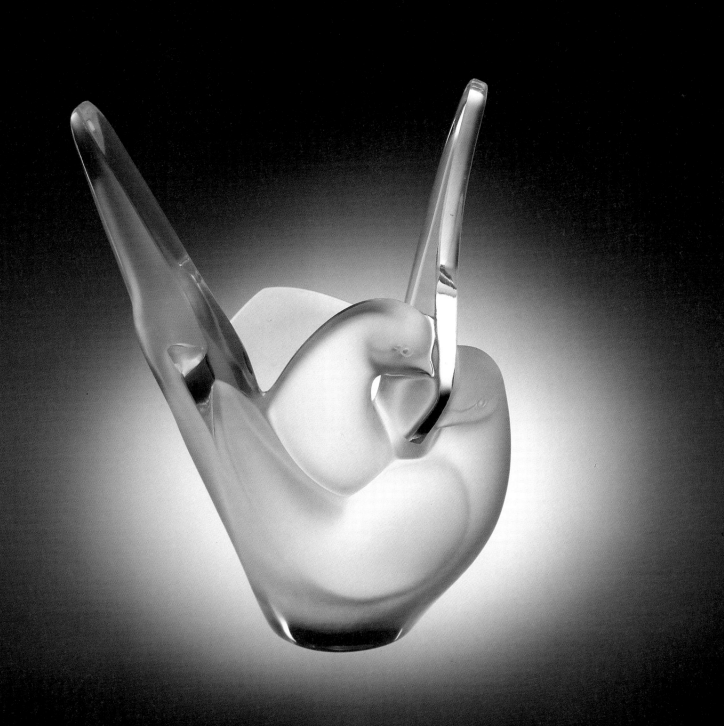

DAMPIERRE
12230
Vase

ELISABETH
12265
Vase

BAGATELLE
12219
Vase

LUCIE
12234
Vase

CAMPANULE
12271
Vase

ERMENONVILLE
12235
Vase
Clair

Clear crystal

ERMENONVILLE
12235/B
Vase
Satiné

Satined crystal

ROXANE
12281
Vase

CLAIRVAUX
12254
Vase

ISERAN
12276
Vase

MOSSI
12207
Vase

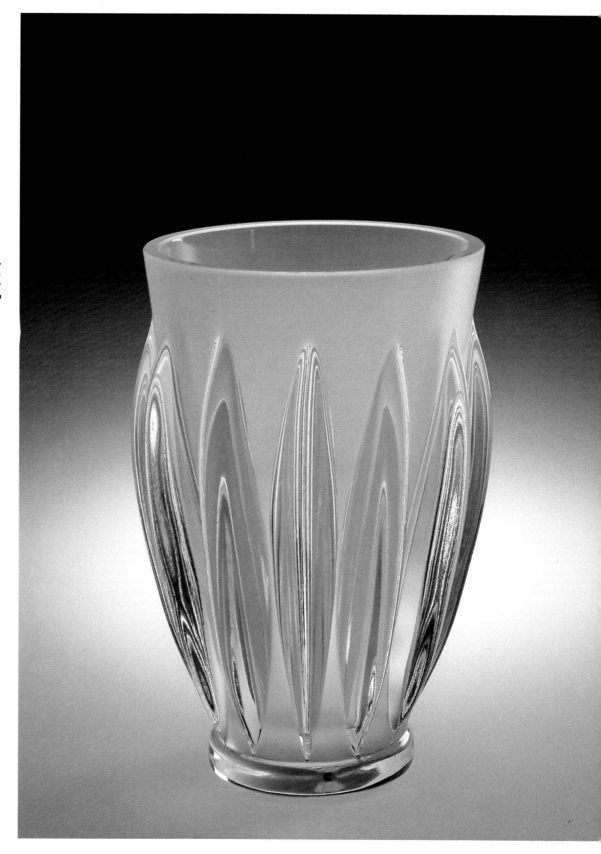

COURCHEVEL
12274
Vase

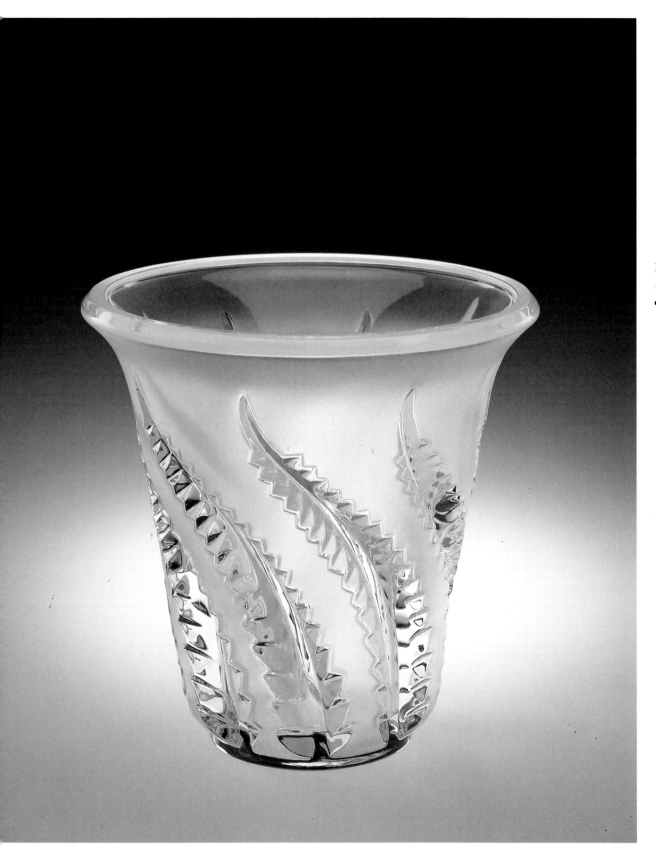

ORCHIDÉE
12310
Vase

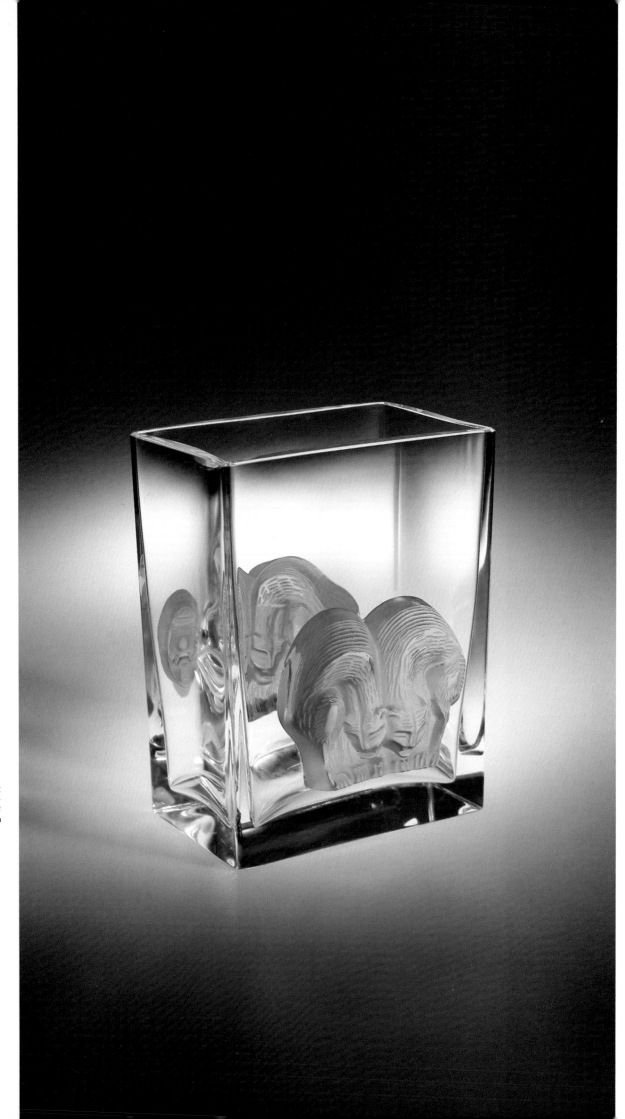

ASMARA
12293/AM
Vase

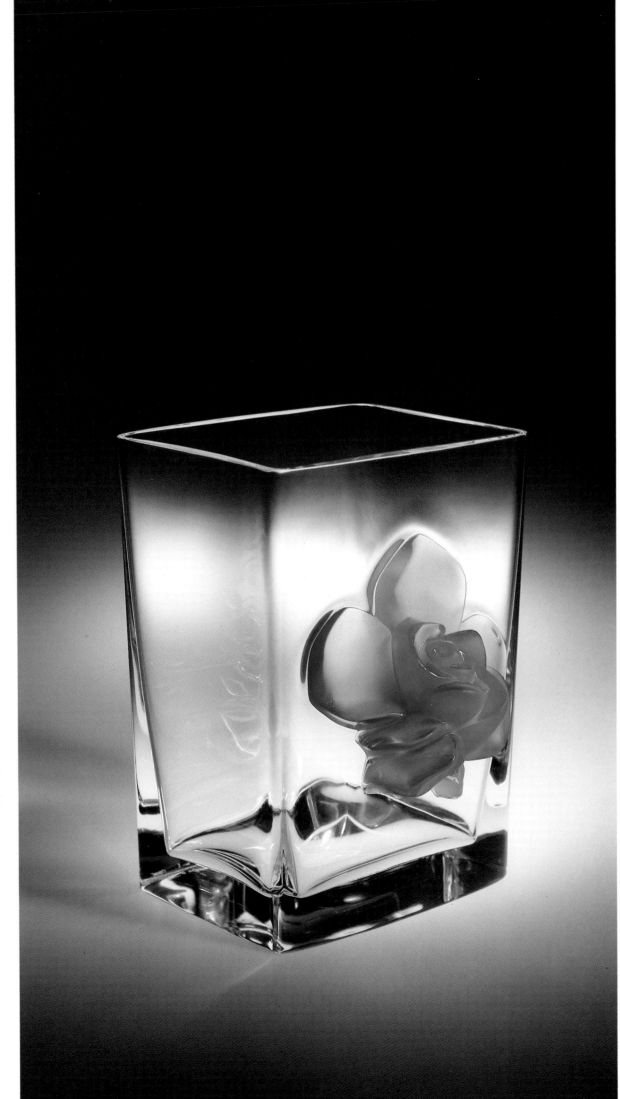

ROSE
12294
Vase

CYRUS
12290
Vase

ANTINEA
12295
Vase

MARRAKECH
12311/C
Vase incolore

MARRAKECH
12311/C
Clear vase

ASMARA
12293/C
Vase incolore

ASMARA
12293/C
Clear vase

assiettes
plates

ALGUES
10418
Assiette n° 1 noire
10421
Assiette dessert noire

ALGUES
10418
Plate n° 1 (black crystal)
10421
Dessert plate (black crystal)

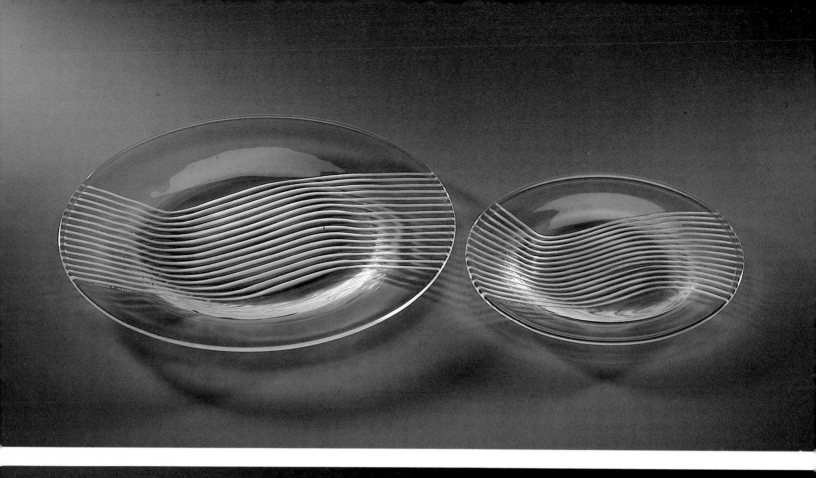

LEDA
10387
Assiette n° 1
10388
Assiette dessert

CAMBRIDGE
10394
Assiette n° 1
10395
Assiette dessert

LEDA
10387
Plate n° 1
10388
Dessert plate

CAMBRIDGE
10394
Plate n° 1
10395
Dessert plate

527

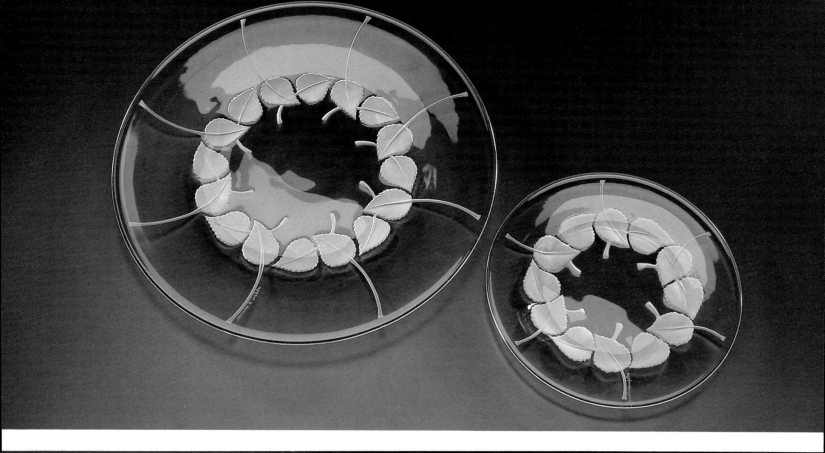

<table>
</table>

ROLLEBOISE 10379 Assiette n° 1 10380 Assiette lunch	**VERNEUIL** 10381 Assiette n° 1 10382 Assiette lunch

ROLLEBOISE *10379* *Plate n° 1* *10380* *Lunch plate*	**VERNEUIL** *10381* *Plate n° 1* *10382* *Lunch plate*

OXFORD
10389
Assiette nᵒ 1
10390
Assiette dessert

OXFORD
10389
Plate nᵒ 1
10390
Dessert plate

EGLANTINES
10383
Assiette nᵒ 1
10384
Assiette lunch

EGLANTINES
10383
Plate nᵒ 1
10384
Lunch plate

529

MARIENTHAL	MARIENTHAL	ANDLAU	ANDLAU
10351	*10351*	10427	*10427*
Assiette dessert	*Dessert plate*	Assiette n° 1 bis	*Plate n° 1 bis*
10352	*10352*	10425	*10425*
Assiette lunch	*Lunch plate*	Assiette n° 1	*Plate n° 1*
		10358	*10358*
		Assiette lunch	*Lunch plate*
		10357	*10357*
		Assiette dessert	*Dessert plate*

OLYMPE	OLYMPE	SAINT-SYLVESTRE	SAINT-SYLVESTRE	MUGUET	MUGUET
10371	*10371*	10402	*10402*	10373	*10373*
Assiette dessert	*Dessert plate*	Assiette dessert	*Dessert plate*	Assiette dessert	*Dessert plate*
10372	*10372*				
Assiette lunch	*Lunch plate*				

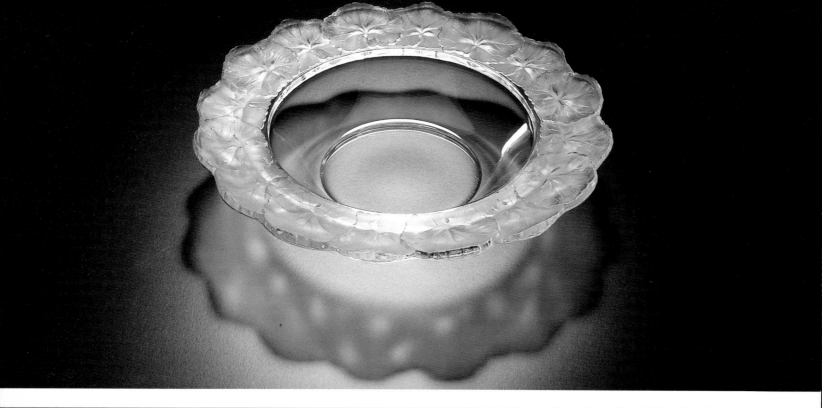

HONFLEUR
10400
Assiette n° 1 creuse

HONFLEUR
10400
Deep plate n° 1

HONFLEUR
10399
Assiette n° 1 plate
10401
Assiette dessert

HONFLEUR
10399
Plate n° 1
10401
Dessert plate

HONFLEUR
13690
Sucrier
13701
Coupe à glace
13700
Tasse
13703
Soucoupe

HONFLEUR
13690
Sweet dish
13701
Icecream dish
13700
Cup
13703
Saucer

PINTA
10414
ARK ROYAL
10411
SANTA MARIA
10412
Assiettes dessert

PINTA
10414
ARK ROYAL
10411
SANTA MARIA
10412
Dessert plates

NINA
10413
JANES BAYNES
10410
CLYBA
10409
Assiettes dessert

NINA
10413
JANE BAYNES
10410
CLYBA
10409
Dessert plates

coupes
bowls

IGOR
13719-13720
Coupe et bol à caviar
(Monture argentée)
13719-13720/B
(Monture dorée)

IGOR
13719-13720
Bowl and caviar cup
(Silver support)
13719-13720/B
(Golded support)

OLGA
13718
Coupe à caviar

OLGA
13718
Caviar bowl

ELVIRE
13712
Coupe nº 1

ELVIRE
13712
Bowl nº 1

ELVIRE
13713
Coupe individuelle

ELVIRE
13710
Confiturier

ELVIRE
13713
Individual cup

ELVIRE
13710
Jelly bowl

CAP-FERRAT
13704
Coupe n° 1
13038
Bol à main
BALÉARES
10406
Assiette lunch

CAP-FERRAT
13704
Bowl n° 1
13038
Finger bowl
BALÉARES
10406
Lunch plate

CAP-FERRAT
13704/BL
Coupe n° 1 bleue
13038/BL
Bol à main bleu
BALÉARES
10406/BL
Assiette lunch bleue

CAP-FERRAT
13704/BL
Bowl n° 1 blue
13038/BL
Finger bowl blue
BALÉARES
10406/BL
Lunch plate blue

ANTIBES
13722/J
Coupe tilleul
10407/J
Assiette lunch tilleul
13037/J
Bol à main tilleul
BALÉARES
10406/J
Assiette lunch tilleul

ANTIBES
13722/J
Bowl yellow green
10407/J
Lunch plate yellow green
13037/J
Finger bowl yellow green
BALÉARES
10406/J
Lunch plate yellow green

ANTIBES	**ANTIBES**
13722/VI	*13722/VI*
Coupe violette	*Bowl violet*
10407/VI	*10407/VI*
Assiette lunch violette	*Lunch plate violet*
13037/VI	*13037/VI*
Bol à main violet	*Finger bowl violet*
BALÉARES	**BALÉARES**
10406/VI	*10406/VI*
Assiette lunch violette	*Lunch plate violet*

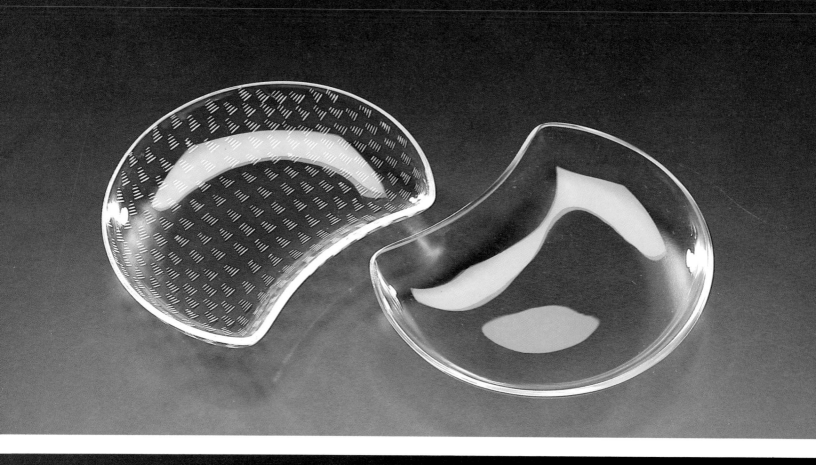

ANTIBES
10408/B
Assiette salade gravée
10408
Assiette salade

BALMORAL
13721
Coupe
10426
Assiette salade

ANTIBES
10408/B
Salad plate engraved
10408
Salad plate

BALMORAL
13721
Bowl
10426
Salad plate

porte-menus
ou presse-papiers

menu holders
or paperweights

			TOURTERELLE	TOURTERELLE
			13754	*11821*
ROXANE	**ROXANE**		**FAISAN**	**FAISAN**
13759	*11826*		*13752*	*11819*
BASTIA	**BASTIA**		**PERDRIX**	**PERDRIX**
13758	*11825*		*13753*	*11820*
Porte-menu (socle fendu)	*Presse-papiers*		*Porte-menu (socle fendu)*	*Presse-papiers*

ROXANE	**ROXANE**		**TURTLE DOVE**	**TURTLE DOVE**
13759	*11826*		*13754*	*11821*
BASTIA	**BASTIA**		**PHEASANT**	**PHEASANT**
13758	*11825*		*13752*	*11819*
Menu holder (base with slot)	*Paper weight*		**PARTRIDGE**	**PARTRIDGE**
			13753	*11820*
			Menu holder (base with slot)	*Paper weight*

548

		RAPACE *11818*	**RAPACE** *13751*
ROSSIGNOL *11824*	**ROSSIGNOL** *13757*	**GOUJON** *11822*	**GOUJON** *13755*
PINSON *11817*	**PINSON** *13750*	**CYGNE** *11823*	**CYGNE** *13756*
Presse-papiers	*Porte-menu (socle fendu)*	*Presse-papiers*	*Porte-menu (socle fendu)*
NIGHTINGDALE *11824*	**NIGHTINGDALE** *13757*	**OWL** *11818*	**OWL** *13751*
FINCH *11817*	**FINCH** *13750*	**LEAPING FISH** *11822*	**LEAPING FISH** *13755*
Paper weight	*Menu holder (base with slot)*	**SWAN** *11823*	**SWAN** *13756*
		Paper weight	*Menu holder (base with slot)*

549

seaux à champagne
seaux isothermiques

champagne buckets
isothermic ice buckets

RHODES
11964
Seau isothermique

RHODES
11964
Isothermic ice bucket

ANTILLES
11959
Seau à champagne
11960
Seau isothermique

ANTILLES
11959
Champagne cooler
11960
Isothermic ice bucket

CONSTANCE
11966
Vase ou seau à champagne

CONSTANCE
11966
Vase or champagne cooler

GANYMEDE
11951
Seau à champagne

GANYMEDE
11951
Champagne cooler

bar, dégustation

JAFFA
13200
Broc
13401
Gobelet

JAFFA
13200
Jug
13401
Tumbler

559

CHÊNE
10403
Assiette dessert
10404
Assiette lunch

CHÊNE
10403
Dessert plate
10404
Lunch plate

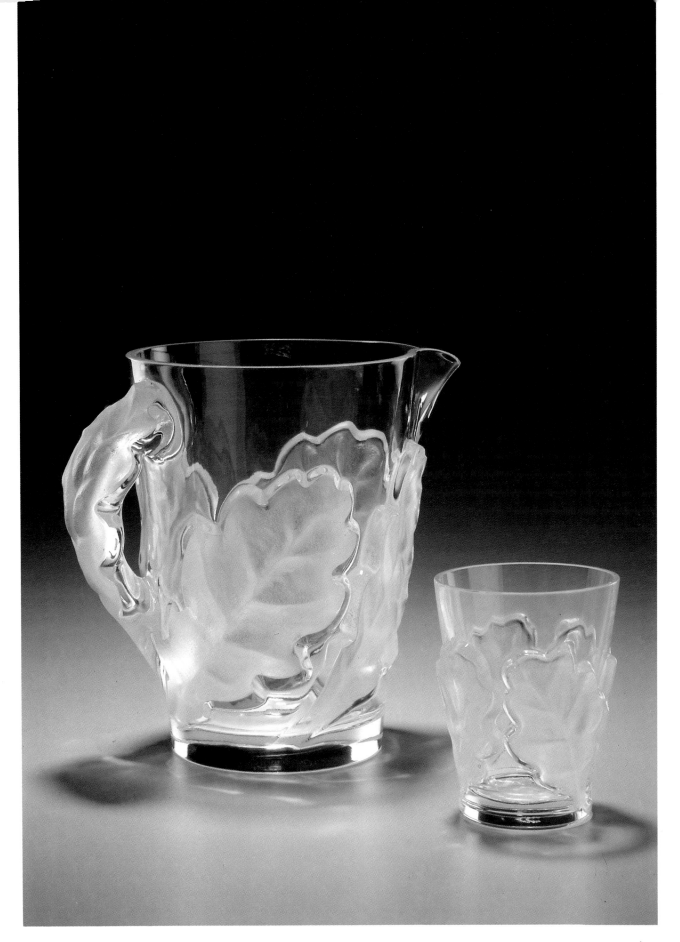

CHÊNE
13206
Broc
13407
Gobelet

CHÊNE
13206
Jug
13407
Tumbler

561

PARIS
13411
Gobelet P.M.
13417
Gobelet G.M.
13208
Broc
13640
Verre à mélange
11953
Seau à glace

PARIS
13411
Tumbler (small)
13417
Tumbler (large)
13208
Jug
13640
Mixing glass
11953
Ice-bucket

ARTOIS	ARTOIS	CHEVERNY	CHEVERNY
13428	*13428*	13431	*13431*
Gobelet n° 2	*Tumbler n° 2*	Gobelet n° 3	*Tumbler n° 3*
13422	*13422*	13430	*13430*
Gobelet n° 1	*Tumbler n° 1*	Gobelet n° 2	*Tumbler n° 2*
13306	*13306*	13429	*13429*
Carafe	*Decanter*	Gobelet n° 1	*Tumbler n° 1*
11962	*11962*	13309	*13309*
Seau à glace brillant	*Ice bucket clear*	Carafe	*Decanter*
Monture argentée	*Silver plated handle*	11965	*11965*
11962/B	*11962/B*	Seau à glace	*Ice bucket*
Seau à glace satiné	*Ice bucket satined*	Monture argentée	*Silver plated handle*

563

KENT
13302
Carafe
13418
Verre à porto

KENT
13302
Decanter
13418
Port wine glass

SAUVIGNON
11957
Lave-raisin

SAUVIGNON
11957
Ice bucket

ABERDEEN
13304
Carafe

ABERDEEN
13304
Decanter

FLORIDE
13414
Gobelets violet, tilleul, turquoise

FLORIDE
13414
tumblers violet, yellow green, turquoise

**FEMMES
ANTIQUES**
13305
Carafe
13424
Gobelet

**FEMMES
ANTIQUES**
*13305
Decanter
13424
Tumbler*

KHEPRI
13310
Carafe
13434
Gobelet whisky
13435
Gobelet old fashion

KHEPRI
13310
Decanter
13434
Whisky glass
13435
Old-fashion glass

ENFANTS
13400
Gobelet liqueur

ENFANTS
13400
Shot glass

PARME
13307
Carafe

PARME
13307
Decanter

REIMS
13204
Broc
13405
Gobelet

REIMS
13204
Jug
13405
Tumbler

SAINT-HUBERT
15152
Broc
13409
Gobelet nº 2
13408
Gobelet nº 1
13410
Gobelet nº 3

SAINT-HUBERT
15152
Jug
13409
Tumbler nº 2
13408
Tumbler nº 1
13410
Tumbler nº 3

NAPSBURY
13419
Gobelet whisky
13433
Gobelet old fashion

NAPSBURY
13436
Gobelet à porto

NAPSBURY
13419
Whisky glass
13433
Old fashion glass

NAPSBURY
13436
Port wine glass

HIGHLANDS	HIGHLANDS
13301	*13301*
Carafe	*Decanter*
13209	*13209*
Broc	*Jug*
13412	*13412*
Gobelet whisky	*Whisky glass*
13412/2	*13412/2*
Gobelet eau	*Water glass*
13420	*13420*
Gobelet old fashion	*Old fashion glass*
13412/B	*13412/B*
Gobelet vin	*Wine glass*
13413	*13413*
Gobelet liqueur	*Liquor glass*

divers de table
table accessories

BANGKOK
13601
Huilier

BANGKOK
13601
Oil and vinegar cruet

BANGKOK
13723
Plat à cake

BANGKOK
13723
Cake plate

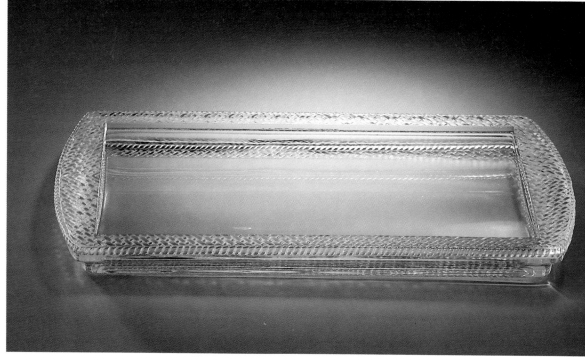

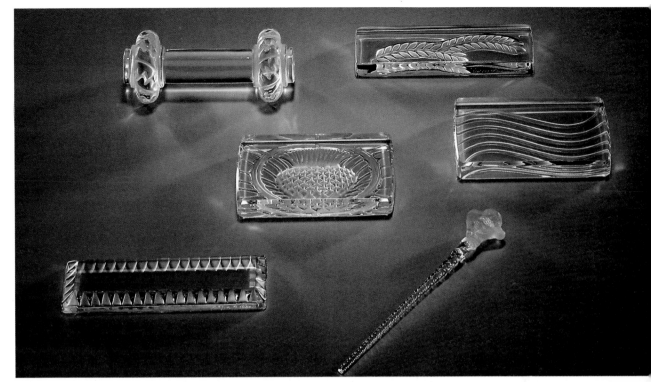

SAINT-HUBERT
13630
HORTENSE
13625
CHARDON
13628
LEDA
13626
BOURGUEIL
13629
Porte-couteau

Knife rest

ROXANE
13631
Fouet

ROXANE
13631
Swizzle-stick

BOURGUEIL
13600
Huilier
13604
Salière ou
beurrier individuel

BOURGUEIL
13600
Oil and vinegar cruet
13604
Individual
salt or butter dish

ROSSIGNOL
13609
Clochette

ROSSIGNOL
13609
Table bell

PINSON
13608
Clochette

PINSON
13608
Table bell

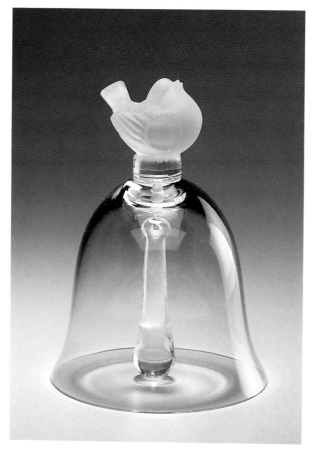

YSEULT
13607
Salière

YSEULT
13607
Salt dish

TROÏKA
13714
Coupe

TROÏKA
13714
Cup

verres spéciaux
special glasses

SAINTE-ODILE
13646
Verre à vin d'Alsace

SAINTE-ODILE
13646
Rhine wine glass

VIGNE
13653
Flûte à champagne

VIGNE
13653
Champagne flute

ARGOS
13643
ALGER
13642

MURAT
13651
SAINT-HUBERT
15160
Verre dégustation

Cognac glass

CLOS VOUGEOT
13650
Verre dégustation

CLOS VOUGEOT
13650
Wine degustation glass

services de verres
stemware sets

GUEBWILLER

15001	15002	15000	15003	15004
Carafe	Broc	Verre n° 1	Verre n° 2	Verre n° 3
Decanter	*Jug*	*Glass n° 1*	*Glass n° 2*	*Glass n° 3*

15005	15007	15006	15008	15009
Verre n° 4	Verre n° 6	Verre n° 5	Coupe	Flûte
Glass n° 4	*Glass n° 6*	*Glass n° 5*	*Coupe*	*Flute*

ALGER

15041	15042	15043	15044	15045	15046	15048	15047	15049
Carafe	Broc	Verre nº 2	Verre nº 3	Verre nº 4	Verre nº 5	Coupe	Verre nº 6	Flûte
Decanter	*Jug*	*Glass nº 2*	*Glass nº 3*	*Glass nº 4*	*Glass nº 5*	*Coupe*	*Glass nº 6*	*Flute*

BARSAC

15051	15052	15050	15053	15054	15055	15056	15057	15058	15059
Carafe	Broc	Verre n° 1	Verre n° 2	Verre n° 3	Verre n° 4	Verre n° 5	Verre n° 6	Coupe	Flûte
Decanter	*Jug*	*Glass n° 1*	*Glass n° 2*	*Glass n° 3*	*Glass n° 4*	*Glass n° 5*	*Glass n° 6*	*Coupe*	*Flute*

FONTAINEBLEAU

15071	15072	15070	15073	15074
Carafe	Broc	Verre n° 1	Verre n° 2	Verre n° 3
Decanter	*Jug*	*Glass n° 1*	*Glass n° 2*	*Glass n° 3*

15075	15076	15077	15078	15079
Verre n° 4	Verre n° 5	Verre n° 6	Coupe	Flûte
Glass n° 4	*Glass n° 5*	*Glass n° 6*	*Coupe*	*Flute*

ARGOS

15081 Carafe	15082 Broc	15080 Verre n° 1	15083 Verre n° 2	15084 Verre n° 3	15085 Verre n° 4	15086 Verre n° 5
Decanter	*Jug*	*Glass n° 1*	*Glass n° 2*	*Glass n° 3*	*Glass n° 4*	*Glass n° 5*

15087 Coupe	15088 Verre 5 bis	15089 Verre 5 ter	15090 Verre n° 6	15091 Flûte	15092 Verre à bière
Coupe	*Cocktail*	*Sherry*	*Glass n° 6*	*Flute*	*Beer glass*

594

PHALSBOURG
10353
Assiette dessert
10354
Assiette lunch
13030
Bol à main

PHALSBOURG
10353
Dessert plate
10354
Lunch plate
13030
Finger bowl

PHALSBOURG								
15111	15112	15110	15113	15114	15115	15116	15118	15117
Carafe	Broc	Verre n° 1	Verre n° 2	Verre n° 3	Verre n° 4	Verre n° 5	Verre sorbet	*Coupe*
Decanter	*Jug*	*Glass n° 1*	*Glass n° 2*	*Glass n° 3*	*Glass n° 4*	*Glass n° 5*	*Sherbet*	*Coupe*

BEAUGENCY

15141	15142	15140	15143	15144	15145	15146	15147	15148	15149
Carafe	Broc	Verre nº 1	Verre nº 2	Verre nº 3	Verre nº 4	Verre nº 5	Verre nº 6	Coupe	Flûte
Decanter	*Jug*	*Glass nº 1*	*Glass nº 2*	*Glass nº 3*	*Glass nº 4*	*Glass nº 5*	*Glass nº 6*	*Coupe*	*Flute*

SAINT-HUBERT
10369
Assiette dessert
10370
Assiette lunch
13036
Bol à main

SAINT-HUBERT
10369
Dessert plate
10370
Lunch plate
13036
Finger bowl

SAINT-HUBERT

15151	15152	15150	15153	15154	15155
Carafe	Broc	Verre n° 1	Verre n° 2	Verre n° 3	Verre n° 4
Decanter	*Jug*	*Glass n° 1*	*Glass n° 2*	*Glass n° 3*	*Glass n° 4*

15157	15156	15158	15159	15130
Verre n° 6	Verre n° 5	Coupe	Verre 5 bis	Flûte
Glass n° 6	*Glass n° 5*	*Coupe*	*Cocktail*	*Flute*

600

RAMBOUILLET

15161 Carafe	15162 Broc	15163 Verre n° 2	15164 Verre n° 3	15165 Verre n° 4	15166 Verre n° 5	15167 Verre n° 6	15168 Coupe	15169 Flûte
Decanter	*Jug*	*Glass n° 2*	*Glass n° 3*	*Glass n° 4*	*Glass n° 5*	*Glass n° 6*	*Coupe*	*Flute*

FRÉJUS

15191	15192	15190	15193	15194	15195	15196	15197	15198	15199	15200
Carafe	Broc	Verre nº 1	Verre nº 2	Verre nº 3	Verre nº 4	Verre nº 5	Verre nº 6	Coupe	Verre 5 bis	Flûte
Decanter	*Jug*	*Glass nº 1*	*Glass nº 2*	*Glass nº 3*	*Glass nº 4*	*Glass nº 5*	*Glass nº 6*	*Coupe*	*Cocktail*	*Flute*

604

TREVES

15201	15202	15203	15204	15205	15206	15207	15209	15208
Carafe	Broc	Verre n° 2	Verre n° 3	Verre n° 4	Verre n° 5	Coupe	Verre à vin du Rhin	Flûte
Decanter	*Jug*	*Glass n° 2*	*Glass n° 3*	*Glass n° 4*	*Glass n° 5*	*Coupe*	*Rhenish wine glass*	*Flute*

VOLNAY

15211	15212	15210	15213	15214	15215	15216	15217	15218	15219
Carafe	Broc	Verre n° 1	Verre n° 2	Verre n° 3	Verre n° 4	Verre n° 5	Coupe	Verre 5 bis	Flûte
Decanter	*Jug*	*Glass n° 1*	*Glass n° 2*	*Glass n° 3*	*Glass n° 4*	*Glass n° 5*	*Coupe*	*Cocktail*	*Flute*

CHENONCEAUX

15221	15222	15223	15224	15225	15226	15227	15228	15229
Carafe	Broc	Verre n° 2	Verre n° 3	Verre n° 4	Verre n° 5	Coupe	Flûte P.M.	Flûte
Decanter	*Jug*	*Glass n° 2*	*Glass n° 3*	*Glass n° 4*	*Glass n° 5*	*Coupe*	*Flûte (short)*	*Flute (tall)*

CLOS VOUGEOT

15281	15283	15284	15285	15286	15288	15289
Carafe	Verre nº 2	Verre nº 3	Verre nº 4	Verre nº 5	Coupe	Flûte
Decanter	*Glass nº 2*	*Glass nº 3*	*Glass nº 4*	*Glass nº 5*	*Coupe*	*Flute*

TUILERIES

15291	15292	15299	15293	15294	15295	15296	15297	15298
Carafe	Broc	Verre nº 1	Verre nº 2	Verre nº 3	Verre nº 4	Verre nº 5	Flûte	Verre à vin du Rhin
Decanter	*Jug*	*Glass nº 1*	*Glass nº 2*	*Glass nº 3*	*Glass nº 4*	*Glass nº 5*	*Flute*	*Rhenish wine glass*

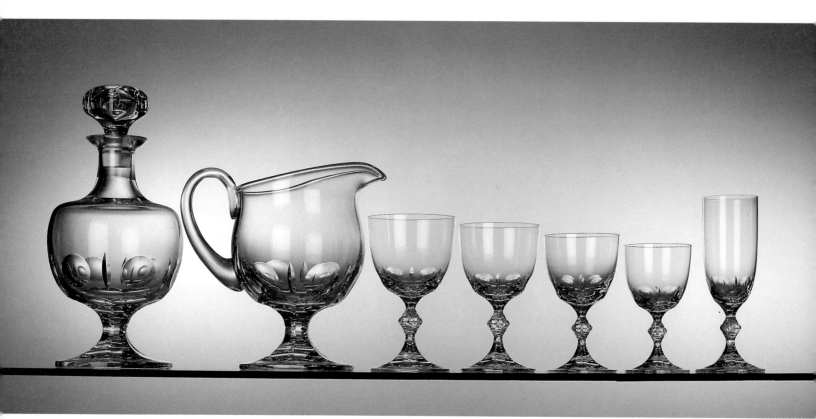

CHAMBORD

15301	15302	15303	15304	15305	15306	15307
Carafe	Broc	Verre n° 2	Verre n° 3	Verre n° 4	Verre n° 5	Flûte
Decanter	*Jug*	*Glass n° 2*	*Glass n° 3*	*Glass n° 4*	*Glass n° 5*	*Flute*

ROXANE

15311	15312	15313	15314	15315	15316	15317
Carafe	Verre nº 1	Verre nº 2	Verre nº 3	Verre nº 4	Coupe	Flûte
Decanter	*Glass nº 1*	*Glass nº 2*	*Glass nº 3*	*Glass nº 4*	*Coupe*	*Flute*

VALENÇAY

15331	15332	15333	15334	15335	15336	15337	15338	15339
Carafe	Broc	Verre n° 2	Verre n° 3	Verre n° 4	Verre n° 5	Coupe	Flûte	Verre cocktail
Decanter	*Jug*	*Glass n° 2*	*Glass n° 3*	*Glass n° 4*	*Glass n° 5*	*Coupe*	*Flute*	*Cocktail*

MAJORQUE
13717
Coupelle

MAJORQUE
13717
Bowl

MAJORQUE

15341	15343	15344	15345	15346	15347	15349	15348
Carafe	Verre n° 2	Verre n° 3	Verre n° 4	Verre n° 5	Coupe	Flûte P.M.	Flûte G.M. ou verre à bière
Decanter	*Glass n° 2*	*Glass n° 3*	*Glass n° 4*	*Glass n° 5*	*Coupe*	*Flute (narrow)*	*Flute or beer glass*

VILLANDRY

15351	15352	15353	15354	15355	15356	15357
Carafe	Broc	Verre n° 2	Verre n° 3	Verre n° 4	Verre n° 5	Flûte
Decanter	*Jug*	*Glass n° 2*	*Glass n° 3*	*Glass n° 4*	*Glass n° 5*	*Flute*

BLOIS

15361	15363	15364	15365	15366	15367
Carafe	Verre n° 2	Verre n° 3	Verre n° 4	Verre n° 5	Flûte
Decanter	*Glass n° 2*	*Glass n° 3*	*Glass n° 4*	*Glass n° 5*	*Flute*

LANGEAIS

15371	15372	15373	15374	15375	15376	15377
Carafe	Pichet	Verre nº 1	Verre nº 2	Verre nº 3	Verre nº 4	Flûte
Decanter	*Pitcher*	*Glass nº 1*	*Glass nº 2*	*Glass nº 3*	*Glass nº 4*	*Flute*

BOURGUEIL
10363
Assiette dessert
10364
Assiette lunch
13033
Bol à main

BOURGUEIL
10363
Dessert plate
10364
Lunch plate
13033
Finger bowl

BOURGUEIL							
15011	15012	15013	15014	15015	15016	15017	15018
Decanter	*Jug*	*Glass n° 2*	*Glass n° 3*	*Glass n° 4*	*Glass n° 5*	*Glass n° 6*	*Coupe*

TOSCA

15381 Carafe	15382 Broc	15383 Verre nº 2	15384 Verre nº 3	15385 Verre nº 4	15386 Verre nº 5	15387 Verre nº 6	15388 Coupe
Decanter	*Jug*	*Glass nº 2*	*Glass nº 3*	*Glass nº 4*	*Glass nº 5*	*Glass nº 6*	*Coupe*

table des matières

summary

CET OUVRAGE
ÉDITÉ PAR LES ÉDITIONS EDIPOP S.A. A GENÈVE
A ÉTÉ RÉALISÉ
SOUS LA DIRECTION DE MARIE-CLAUDE LALIQUE ET D'ODETTE BOULENGER.
LES TEXTES ET LÉGENDES DE CATHERINE HYDEN.
LA CONCEPTION, MAQUETTE ET MONTAGE DE MICHEL PAHIN.
LES PHOTOGRAPHIES DE PATRICE TOURENNE.
COPYRIGHT ©
TOUS DROITS DE REPRODUCTION TEXTES ET DOCUMENTS PHOTOGRAPHIQUES,
DE DIFFUSIONS ET DE TRADUCTIONS, SONT RÉSERVÉS.
AUCUNE PAGE DE CET OUVRAGE NE PEUT ÊTRE REPRODUITE
SANS L'ACCORD PRÉALABLE DE L'ÉDITEUR.
ACHEVÉ D'IMPRIMER 1er TRIMESTRE 1988
IMPRIMÉ EN SUISSE

ISBN. 2-88300-001-8